Enfants-rois,
plus jamais ça !

Christiane Olivier

Enfants-rois,
plus jamais ça !

ÉDITIONS FRANCE LOISIRS

Édition du Club France Loisirs,
avec l'autorisation des Éditions Albin Michel

Éditions France Loisirs,
123, boulevard de Grenelle, Paris
www.franceloisirs.com

© Éditions Albin Michel S.A., 2002.
ISBN : 2-7441-6544-1

Prologue

Ils s'aiment, ils veulent un enfant ensemble pour partager avec lui ce bonheur d'aimer et ils sont si heureux quand le bébé arrive!

Alors pourquoi, au bout de quelques mois ou années, retrouvons-nous ces deux mêmes parents épuisés, débordés, affolés de ne plus arriver à remplir les demandes incessantes de leur cher trésor?

Ont-ils engendré un descendant de Gargantua et le conte rabelaisien est-il en train de devenir réalité? Et nos enfants sont-ils des ogres? Qui vont vider nos réfrigérateurs? Dépenser tout notre argent? Perturber toutes nos nuits et nous voler tous nos dimanches? Mettant fin à tous nos rêves de les voir grandir, s'humaniser, se responsabiliser, et nous aimer enfin. Allons-nous être un jour heureux avec eux? Oui, si nous rétablissons notre place de parents en face de leur place d'enfants et cessons de prendre leur désir du jour comme loi de tous nos jours.

Ce livre a été écrit dans le but de vous expliquer comment, peu à peu et sans le savoir, on installe son enfant à la place de l'enfant-roi.

Introduction

*Dès l'âge de trois ans
nos enfants n'obéissent plus à personne
et n'en font qu'à leur tête. Pourquoi ?*

Parce que nous ne leur avons pas manifesté clairement que notre désir et notre place étaient différents de la leur en temps utile, c'est-à-dire entre dix et dix-huit mois, quand ils ont commencé à se déplacer et à attraper tout ce qui était à leur portée. Là, nous ne leur avons pas dit que tout n'était pas à eux et qu'ils n'avaient pas le droit de prendre nos affaires.

Pourquoi n'avons-nous pas pu leur barrer la route ? Parce que, nous mettant trop à leur place, nous avons eu peur de les brimer dans leur désir que nous ressentions comme nôtre. Devant leur rage quand nous disions « non », nous avons eu peur qu'ils nous détestent... ignorant que l'enfant s'est déjà attaché à nous de façon définitive dans les huit premiers mois et que nous ne risquons rien du côté de l'amour même lors du pire des caprices !

Cela se joue de même avec des parents violents ou sadiques que les enfants continuent d'aimer malgré les sévices, car l'attachement d'un enfant lors des premiers mois est une question de présence physique.

Ce qui s'inscrit dans l'inconscient de l'enfant et pour toujours, c'est notre odeur, notre pas, le son de notre voix, notre façon de le tenir. Et évidemment la couleur de notre amour pour lui et aussi le ton de ce qui ne nous plaît pas et que nous interdisons.

Mais là, au moment d'interdire, nous avons un problème : nous ne supportons pas de voir le visage de notre cher petit se

11

fermer, les coins de sa bouche descendre et les larmes jaillir de ses yeux. Nous ne supportons pas ses cris stridents qui éveillent en nous la culpabilité de ne plus l'aimer. Pourtant, c'est son droit de manifester qu'il n'aime pas qu'on le gronde ou qu'on lui interdise son désir!

Mais nous, **nous avons peur de perturber la relation d'amour avec lui et nous ne supportons pas son chagrin ou sa rage contre nous et nous avons autant peur de son ogre intérieur que du nôtre!... c'est-à-dire que nous craignons autant sa violence que la nôtre.** En effet, inconsciemment, notre violence intérieure n'a jamais disparu. Elle est toujours là, même avec cet enfant pour lequel nous avons tant d'amour. Tout amour humain se double de son envers, la haine qui surgit en cas de discordance des désirs. C'est ce qu'on appelle l'« ambivalence fondamentale de l'amour » qui se joue ici entre nous et notre enfant. Le voir se rouler par terre devant la gondole de bonbons du supermarché déclenche en nous une foule de questions : « Ça n'est pas l'heure de manger et il n'aura pas faim à table! », « Est-ce que j'ai le droit de le priver d'un si petit plaisir? » Mais surtout : « Est-ce que j'aurai le front d'apparaître comme une méchante mère au milieu de tout ce monde qui pense que les désirs des enfants sont sacrés? »

Et il est vrai que la plupart des gens se figurent que l'enfant ne nous aimera qu'autant que nous accéderons à tous ses désirs et que nous serons toujours de bonne humeur avec lui, mais c'est faux!

Et comme il n'y a que le premier pas qui compte, nous allons continuer à dire « tant mieux pour lui » et « tant pis pour nous ». Ce n'est pas ainsi que nous lui apprendrons notre existence, mais simplement la sienne et surtout la toute-puissance de ses désirs sur les nôtres! Dans notre faiblesse et notre incapacité à lui dire « non », l'enfant voit **la confirmation de ses droits à**

demander et à exiger la réalisation de ses propres désirs par les adultes.

Les adultes, ce sont en premier lieu ses parents, nous qui n'osons pas lui apprendre que ses désirs sont soumis à notre volonté et à notre décision et qu'un enfant n'a pas le droit de faire ce qu'il veut ailleurs que dans sa chambre. Car c'est difficile après avoir été des parents salvateurs de devenir des parents grondeurs.

Mais que sera sa vie d'adulte si nous ne lui avons pas appris dès sa deuxième année le respect du désir de l'Autre, la façon de lui demander quelque chose, et l'habitude de ne pas s'approprier ce qu'on ne veut pas lui donner ? Il deviendra peut-être un tyran amoureux ou domestique exigeant tout et tout de suite avec tout le monde comme nous le lui avons permis enfant. Il sera peut-être violent, dangereux pour son entourage, et nous nous étonnerons alors de son indifférence aux autres, mais il sera trop tard !

Savions-nous que **l'adulte se forme dans la toute première enfance, que c'est là, en ces quatre ou cinq premières années,** qu'il établit son rapport définitif aux autres, à travers le rapport qu'il a avec ses parents ?

Nous avons pensé que nous avions bien le temps, et qu'il était trop petit pour déjà quitter le « vert paradis » de l'enfance. Mais pendant que nous l'admirions et lui passions tous ses caprices, naissait en lui l'idée de sa toute-puissance par rapport aux adultes, idée dangereuse et fondatrice de la violence chez l'enfant.

Dans bien des familles ce ne sont plus les parents qui dans le conflit lèvent la main sur l'enfant, mais l'enfant qui lève son poing vers eux pour leur manifester son désir de les renverser et de passer quand même...

En accédant tout le temps au désir de l'enfant, on l'empêche de grandir et d'apprendre à affronter le conflit entre son désir et le nôtre. Mais ce ne sera que pour mieux le retrouver sous la forme d'un caractère tyrannique qui se déclarera à l'extérieur, donc à l'école où il cherchera sans arrêt à provoquer les autres à seule fin de prouver qu'il est bien le plus fort! Malheur à la maîtresse qui n'acceptera pas ce comportement agressif et perturbant et viendra s'en plaindre aux parents, car elle se heurtera aux défenseurs les plus acharnés du désir de cet enfant!

Cette tendance dominatrice persévérera au travers d'un caractère opposant et agressif qui gênera tout le monde autour de lui, sauf les parents qui prennent la plupart du temps fait et cause pour l'enfant.

Cette violence permanente va se manifester encore plus clairement lors de la formation et du remaniement du caractère face aux autres, au moment de l'adolescence. Et là nous serons tout à fait impuissants et désespérés, prêts à demander de l'aide à tous les éducateurs qui se trouvent eux aussi confrontés à un être jeune qui, depuis l'enfance, a une relation à autrui basée sur le refus du désir de l'autre...

Ne croyez pas que ne pas sévir, c'est aimer... Non! C'est renfermer une rage justifiée et la garder comme un mur entre l'enfant et nous pendant des heures et parfois des jours! On ne peut pas être le même après que notre enfant a piétiné notre désir... Vous croyez garder le même visage après le refus de votre enfant de vous obéir, mais votre enfant, lui, regarde vos yeux, entend votre voix ou votre silence rageur, et il sait que vous êtes en colère et qu'il a gagné dans la bataille avec vous!

Il sait aussi que vous ne savez que faire maintenant que vous avez perdu et il va vous le dire : après s'être bien roulé par terre en hurlant, il va se redresser enfin et se jeter dans vos bras comme s'il n'aimait que vous. Mais c'est pour sentir de nouveau l'amour après la bataille et savoir qu'il est toujours en paix avec vous... C'est vous qui n'en êtes pas là... Il vous apprend qu'après l'orage vient le soleil. Alors, à quoi a-t-il servi que vous refusiez de vous mettre en colère, de vous fâcher un instant avec lui, si la conclusion est que c'est lui qui connaît le chemin de votre cœur et que c'est à lui de vous rassurer en vous disant : « Tu vois, je t'aime même si je refuse de faire ton désir » ?

Ne croyez-vous pas vous être trompés à un moment dans la relation parents-enfant pour que ce soit lui aujourd'hui qui vous mène par le bout du nez ? Et pensez-vous qu'il pourra agir ainsi avec son patron dans sa vie d'adulte ?

1

Pourvu que mon bébé veuille bien téter.
Première crainte qui envahit la mère
à l'idée que son bébé pourrait ne pas VIVRE.

Vous le prenez contre vous et vous essayez de mettre votre bout de sein dans sa bouche. Oh! miracle! Quitte à vous faire mal, il l'attrape entre ses gencives et se met à téter bravement comme s'il n'avait fait que ça depuis des mois dans votre ventre. Mais souvenez-vous des mouvements réguliers que vous sentiez parfois venant de votre utérus : le bébé tétait son doigt ou son pied, il tétait ce qu'il trouvait à disposition, et aujourd'hui c'est votre sein ou la tétine du biberon qui se présente, et ça va tout seul!

Il va téter peu les premiers jours car sa faim est en rapport avec son estomac qui est de capacité réduite. Ou bien il va s'arrêter en plein milieu et s'endormir parce que la situation est délicieuse et lui repu, mais au bout d'un moment il va se réveiller et rechercher à nouveau le lieu de ses délices... Les premiers jours de sa vie, vous devez le suivre à la trace, tantôt éperdument endormi, tantôt éveillé et se tortillant ou pleurant. Se souvient-il du milieu tiède et aquatique où il vivait et le cherche-t-il désespérément? En tout cas, quand vous venez à son secours et le prenez dans vos bras, vous le sentez tout raide au début, étonné de ce nouveau contact avec un corps humain, mais il s'arrête aussitôt de geindre ou de pleurer.

A-t-il faim pour autant? Pas sûr. S'il n'y a pas un minimum de deux heures depuis la dernière tétée, vous le ferez attendre en le tenant dans vos bras et vous le baladerez gentiment dans l'appartement, car c'est ce qu'il connaissait bien, lorsque vous marchiez avec lui caché au fond de vous : la fréquence de votre pas et peut-être aussi les airs que vous fredonniez en faisant votre cuisine...

Il n'est pas tant question de le nourrir pendant ces premiers jours que de le rapprocher de ce qu'il a connu pendant des mois ! **Le début de la vie d'un enfant n'est heureux que dans la mesure où ses habitudes ne sont pas trop perturbées et ses petites manies respectées.** C'est une idée de parents que de croire que le principal est de le nourrir, mais les bébés sont très résistants à la faim et les parents doivent deviner des besoins qu'ils expriment par leurs cris : ce n'est pas toujours la faim...

Ne le laissez pas crier plus de trois minutes en croyant que cela va s'arrêter car, dans les premiers jours ou mois, ce n'est pas un chantage que fait l'enfant : il défend ses propres habitudes d'avant la naissance ou se plaint de sa santé actuelle, de ses vicissitudes du jour à digérer ou à faire un rot tardif, tout cela venant d'un estomac qui tâche de prendre un autre rythme que celui qu'il avait dans le ventre maternel. Comprenez qu'il n'avait pas l'habitude de téter de façon continue, il prenait une gorgée de liquide amniotique de temps à autre, et la digestion était progressive, permanente et facile.

Certains bébés recrachent une partie de la tétée pendant les premiers jours en même temps que le fameux « rototo », mais d'autres restituent presque tout ce qu'ils ont pris du fait d'une difformité provisoire de l'œsophage qu'il faudra pallier avec l'aide du pédiatre et de médicaments adaptés.

Ce premier âge ne doit pas pousser les parents à un forcing pour faire téter l'enfant. Bien souvent, au contraire, il faudra lui permettre d'oublier qu'il en voudrait plus encore en le distrayant, c'est-à-dire en jouant avec lui.

Le principal dans ces histoires d'allaitement des premiers

jours, c'est de rester décontracté et de ne pas obliger l'enfant à prendre tout à trac soixante grammes de liquide s'il ne les accepte pas : on peut fractionner la même tétée en toutes petites prises, ce qui rapproche l'enfant de son système *in utero* et lui est parfois plus favorable pendant le premier mois.

Dans la première année, laissez-vous guider par le naturel de l'enfant et faites-lui la vie douce, car il vient de jouer *Alice au pays des merveilles.* Il est tombé brutalement après une chute infinie dans un tout nouveau pays où ni les bruits ni les odeurs ni la température ne ressemblent à ce qu'il a connu dans le ventre de sa mère.

Il a donc besoin d'aide. Pendant les huit premiers mois, il est surtout question pour lui de s'adapter aux conditions externes de chaleur, de bruit, de lumière, de postures qui constituent la vie d'un nourrisson. La nourriture en fait partie et le repas ne doit jamais tourner au pugilat ni à la crise de désespoir qui ne feraient qu'augmenter son refus vis-à-vis de l'alimentation devenue angoisse.

Il est important que vous sachiez que de votre attitude vis-à-vis de l'alimentation à cet âge dépendront son attitude et son plaisir à manger tout le reste de sa vie.

Mais la bouche de votre bébé ne lui sert pas qu'à manger. C'est avec elle qu'il va suçoter, bâiller, crier et reconnaître, dès la mise dans la bouche, le goût du biberon ou de la tétine et celui, agréable ou pas, de tous les jouets et hochets que vous pouvez lui donner dès l'âge de trois mois. S'amuser à regarder un objet, le mordiller, le tordre, le perdre, le retrouver, tout cela est une sorte d'appropriation du dehors par le dedans. Le bébé jeune, de même qu'il aime reconnaître le même goût dans le biberon, aime retrouver les mêmes joujoux dont un seul sera élu comme objet préféré et dit transitionnel, « le doudou » : ce fameux nounours plus ou moins sale, ce petit bout de laine tiré de je ne sais où, va être le grand compagnon de sa vie en votre absence et assurer la transition entre symbiose avec le parent et symbiose avec le monde matériel.

Il est important que vous jouiez avec lui, que vous riiez pour que, tout seul, il continue de faire comme si c'était avec vous que cela se passait... Vous serez parti à quelques mètres de là, et lui grâce au bruit de votre voix et du rire qu'il aura entendu et enregistré fera comme le «petit prince» : il continuera de vous aimer, non pas à cause de la «couleur des blés», mais «à cause de ce jouet que vous lui avez laissé et qui a votre odeur».

Vous avez la charge de l'introduire au monde et à la communication qui deviendra parole plus tard. Et vous devez commencer dès le départ. Ne comptez pas sur les autres ou sur l'école pour cela... C'est vous qui marquerez l'enfant à tout jamais de votre personnalité et c'est ainsi qu'il faut faire. Mais, dès cet âge tendre, gardez-vous de tomber dans l'esclavage de son désir qui est de continuer à jouer avec vous tout le temps. Sachez arrêter en lui disant que c'est fini et continuez à lui parler depuis la pièce à côté.

Cette première année est tout entière faite de ce que vous demande l'enfant et de la façon dont vous y répondez. Sachez qu'un enfant abandonné ou peu chouchouté dans ses premiers mois aura des bleus à l'âme et que ces manques-là se comblent dès l'adolescence avec des comportements d'addiction (drogue, alcool, nourriture), l'enfant ayant mélangé pour toujours manque affectif et manque digestif puisque vous ne l'avez jamais consolé qu'avec du lait ou un doudou et jamais avec vos paroles ou vos chansons.

2

Notre enfant refuse de dormir, et nuit et jour
il nous tient sur le pied de guerre. Que faire ?

Depuis que bébé est né il a transformé la nuit de ses parents en corrida et leurs jours en rêve de fermer enfin leurs paupières (mais ils ne le feront que dans la mesure où l'enfant le fera lui-même). Attention à ce premier engrenage entre ses besoins et les vôtres, ou, autrement dit, soyez bien décidés à aimer votre enfant et à le câliner, mais **soyez aussi fermement décidés à lui imposer un rythme de vie compatible avec le vôtre !**

Pourquoi bébé qui dormait des heures entières dans le ventre de sa mère ne veut-il plus le faire maintenant qu'il est avec vous ? Sans doute parce que pendant la grossesse les bébés ont un rythme d'éveil opposé à celui de leur mère : ils s'endorment quand elle s'agite, fait du bruit et parle, et ils se réveillent et gambadent quand elle s'allonge ou se couche pour se reposer. C'est le soir au lit que, regardant une revue ou la télé, papa et maman s'amusent à suivre du doigt les cabrioles du bébé *in utero* et c'est là que chacun s'amuse à établir son contact avec lui et prend plaisir à le sentir vivre… Nous avons tous connu ces moments d'intimité à trois dans notre lit le soir, quelques mois avant la naissance de l'enfant.

Alors que faire maintenant s'il prétend gambader dans vos nuits d'adultes qu'il n'aime pas du tout ? Munis de cette vérité sur ses habitudes fœtales de sommeil, tâchons de les conserver et de ne pas fermer la porte de sa chambre sous prétexte de le laisser tranquille… Ce qui ne l'incite pas du tout à dormir. Ce sont nos habitudes d'adultes qu'on voudrait lui inculquer pour le bien de tous, mais lui ne l'entend pas de cette oreille **et ce n'est que progressivement que vous pourrez l'habituer à l'isolement de la nuit dont il a très souvent peur.**

Ce qui le rassure, c'est le bruit ambiant, et c'est au milieu de la cuisine, dans le brouhaha du repas des autres membres de la famille, qu'il dort béatement si son ventre est bien plein! Il est sociable, cet enfant, car il partageait la vie de la famille depuis déjà longtemps! Donc, pour son bien-être, s'il a des difficultés à s'endormir, pas d'isolement précoce et même, si vous en avez la place ou l'envie, vous pouvez le garder dans votre chambre pendant tout le premier mois : il s'habituera ainsi au fait d'être seul dans son berceau en entendant le bruit de vos conversations et de vos respirations de la nuit comme il l'entendait déjà à l'intérieur du ventre de la mère et, une fois qu'il aura appris à dormir seul dans son berceau, vous pourrez gentiment le pousser endormi dans sa chambre et puis définitivement l'y laisser portes ouvertes.

Tout cela doit se passer très progressivement et dans la mesure où vous l'éloignerez de votre chambre vous lui mettrez une petite musique de nuit qui remplacera le bruit du rythme du cœur dans le ventre de la mère, puis le bruit de la respiration des parents dans leur chambre. Et vous verrez qu'il s'habituera et se calmera dès qu'il entendra la petite berceuse se mettre en route. Il aura l'impression de revenir dans le monde merveilleux d'avant...

La tétine fait partie de ces adoucissements accordés par les parents au moment du changement de statut de fœtus à bébé. Comme on voit souvent le bébé sucer son pouce au cours des échographies qui jalonnent la grossesse, il n'est pas scandaleux de lui donner une tétine qui va devenir son objet chéri pendant les trois premières années. C'est-à-dire l'objet qui, remis par les parents, va les remplacer en leur absence, ou même en leur présence quand l'enfant en veut plus encore que son dernier biberon et qu'il a envie de les avaler eux-mêmes dans une oralité bien de son âge. N'oublions pas que ce bébé avait l'habitude d'avaler continuellement le liquide dans le ventre de sa mère et que les rapports avec les parents, même très tendres, ne sont jamais permanents et ne peuvent complètement remplacer le lien assuré par le cordon ombilical lors de la grossesse. Donc, il a du mal à traverser les périodes de vide alimentaire ou affectif qui jalonnent ses journées, notre devoir est de l'aider.

Là aussi, ce n'est que progressivement et avec votre aide que le tout-petit passera de la dévoration des aliments à l'intégration des sensations visuelles, auditives ou tactiles qui vont le remplir d'une autre façon et l'empêcher de se trouver face au manque inhabituel chez l'être humain. Ce n'est que progressivement qu'il apprendra à se remplir de nos mots, au lieu de se remplir de lait !

Dans le sommeil du bébé apparaissent à la fois des besoins sociaux inassouvis et des besoins d'activité orale restés en panne depuis le jour de la séparation d'avec le corps de la mère.

Je ne parlerai pas ici des maladies et de l'état fébrile que vous repérerez en voyant que le rite habituel du sommeil n'est pas respecté et que l'enfant s'endort deux minutes pour se mettre à crier, révélant par là qu'il a sommeil mais que la douleur (gorge, oreilles, ventre, etc.) le réveille brutalement. Là, ce n'est plus le moment de faire de la psychanalyse, mais c'est l'heure d'appeler le médecin !

3

Enfin, il arrive à la crèche !
Nous allons peut-être retrouver une semi-liberté...

Voilà le grand jour arrivé. Une maman toute remuée va déposer son enfant à l'extérieur de chez elle à la crèche la plus proche, chez des techniciens de l'enfance, se dit-elle : «Adieu tous les problèmes!» Elle va pouvoir reprendre tranquille le chemin de son emploi. Elle a bien le cœur un peu déchiré, cette jeune femme si fort attachée à son enfant, car les trois premiers mois n'ont pas suffi à les désolidariser l'un de l'autre! Mais elle tâche de se rassurer et la première chose qu'elle fait, c'est de téléphoner au père qui est déjà à son travail pour lui dire que Kévin n'a pas pleuré du tout. Comment aurait-il pleuré, alors qu'il n'avait pas les moyens, ni affectifs ni cognitifs, de savoir ce qui lui arrivait ce matin-là et combien de temps cela allait durer?

Un enfant de trois mois ne reconnaît ses parents que s'ils sont proches car il y voit mal jusqu'au quatrième mois et ses neurones n'ayant pas fini leur évolution ne lui permettent pas de faire des liens mémoriels entre les gens et les choses. Donc, il est «habitué» à vivre avec ses parents. Mais si on les enlève brusquement, même s'ils sont restés un grand moment avec lui à la crèche, il y a quelque chose qui manque tout à coup et le bébé souffre juste de leur absence non identifiée vécue comme rupture inexplicable de la symbiose sur laquelle reposait son existence habituelle. Il part donc pour des heures dans le «pays sans parents», donc sans vie affective, et traverse le no man's land du manque de symbiose...

J'ai déjà expérimenté cela avec une de mes filles devenue mère qui, partant au travail le matin, me laissait le bébé avec toutes les consignes. Âgée de deux puis de trois mois, la petite fille me prenait pour mère et nous passions des journées tranquilles. Sauf le soir quand la maman revenait : sa fille la regardait tout étonnée, sans esquisser le moindre mouvement vers elle, et il fallait un bon moment de pitreries et de gazouillis maternels pour que l'enfant daigne enfin aller dans ses bras.

Chose claire à savoir avec une assistante maternelle : l'enfant l'intègre dès ses premiers mois comme mère puisque vous avez disparu. Il paraît vous avoir oubliée dans l'espace d'une journée au bénéfice d'une mère qui n'est pas la sienne. D'où l'influence de cette nourrice sur le caractère de l'enfant...

Donc cet enfant ignorant de ce qui lui arrive se trouve assis sur les genoux de Nathalie qui tente de lui parler afin de le rassurer et va le mettre dans son berceau à l'instar des autres enfants. Là, Kévin va repérer tout de suite que ce n'est pas comme à l'habitude et il va se venger sur sa tétine qui, elle, est toujours là, Dieu merci ! Il écoute surpris le bruit et les pleurs de tous ces enfants (imaginez trente enfants dans votre appartement)... et ne mesure qu'une chose désastreuse : ce n'est pas comme tous les jours !

Au bout d'un moment, Nathalie apparaît avec le biberon : ça, il connaît, mais, levant la tête, il aperçoit quelqu'un de différent de maman et il tète par habitude. L'éducatrice aura bien du mal à le faire sourire... car son sourire est resté attaché à l'odeur, au visage, à la couleur de cheveux, à la voix de maman ou papa...

Cependant, fatigué par la digestion, il va s'endormir. Oh ! pas pour longtemps ! Comment bien dormir quand on a fermé l'œil sur l'inquiétude de l'étrangeté des choses de ce jour ? Se réveillant brutalement il ne reconnaît rien alentour et de plus, comme il a perdu sa tétine, il ouvre une grande bouche pour hurler son désespoir. En crèche tous les enfants pleurent vers 16 heures, ils sont depuis trop longtemps perdus sans leurs repères habituels et ils paraissent inconsolables par tout autre que la mère... Et quand les mères, porteuses de cette fameuse symbiose, arrivent, tout le monde crie sans voir qui s'approche ou qui s'en va. Chacune doit retrouver le sien parmi tous ces bébés en pleurs, et le reconquérir, pour le faire rentrer à nouveau dans le monde sans souci de la symbiose avec maman.

L'épreuve a été dure pour tous les deux, mais maman avait une chance : elle était sortie de l'état de dépendance infantile, elle a pu l'aimer absent, ce cher bébé, tandis que le bébé, lui, a assisté à sa propre déroute, dont il ressort bien fatigué, inintéressé et pleurnichant. **Notre bébé vient de retraverser ce fameux « vide » que nous avons tellement combattu depuis sa naissance. Heureusement qu'il avait Tétine et Doudou, les seuls personnages qui ne l'abandonnent jamais et lui adoucissent toute rupture en tous lieux.**

« Enfin, ce n'est pas grave, il va s'habituer », pensent les adultes. Personne ne se rend compte que, pour la première fois et avant même de le comprendre, cet enfant est attaqué du dedans par une rupture intérieure inconnue de lui. Il va s'habituer au bout de quelques jours à être vide de vous, mais au prix de quels vides futurs dans sa relation à l'autre ? Et quand vous reviendrez le soir, peut-être votre enfant aura-t-il du mal à vous reconnaître, coupé de vous par le désert de votre absence éternelle pour lui, car à cet âge il n'a aucune idée du temps qui passe. Sa philosophie est réduite à : « Je suis bien, j'écoute et je regarde ce qui se passe », ou : « Je suis mal, et je pleure pour que ça s'arrête ».

Si cet enfant avait été mis dans la même crèche, dans les mêmes conditions, mais à dix-douze mois, son ressenti intérieur eût été fort différent car à dix-douze mois, reconnaissant clairement le visage de ses parents, il aurait pleuré en vous voyant partir et vous auriez pu lui annoncer votre retour (contrairement au bébé de trois mois). La puéricultrice aurait pu prendre le relais en parlant de vous. Il aurait pu attendre tout au fond de

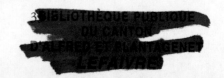

lui la réapparition de votre image qu'il a à l'intérieur de lui et vous faire fête à votre retour. **Donc, selon l'âge du bébé, la même absence ne laisse pas la même trace inconsciente en lui. C'est ce qu'il faut savoir quand on est parents.**

Oui, mais qu'allez-vous faire en tant que parents devant les conditions de travail qui sont les vôtres? Devant l'obligation de mettre votre bébé trop tôt à la crèche, vous allez vous regrouper avec tous les parents et chercher à obtenir par tous les moyens des congés parentaux plus longs, prendre un travail à mi-temps à moins que l'État, devant votre demande justifiée, ne prenne en charge et n'oblige l'entreprise à créer une crèche en son sein.

Vous tenterez évidemment avec tous les moyens du bord (mamie, papy, femme de ménage, étudiante au pair, amie ou tantine) de ne pas laisser l'enfant de trois mois plus de une à trois heures d'affilée à la crèche pour, peu à peu, vers six mois, le laisser toute la matinée avec retour à la maison pour le déjeuner. À huit mois vous pourrez progressivement arriver à le laisser à la crèche toute la journée enfin assurée qu'il se souvient de sa «ma ma ma», comme il vous appelle déjà.

Pourquoi, me direz-vous, les crèches ne sont-elles pas adaptées aux enfants? Parce que les crèches ont été tout d'abord créées pour les mères qui travaillent. Et encore, nous sommes un pays favorisé par rapport à nos congénères allemandes, suisses, suédoises ou hollandaises. Tout va à peu près bien du côté des parents, mais on a méconnu jusqu'à présent le bien-être des bébés!

Les bébés? On a pensé que tout petits ils ne verraient pas grand-chose au changement de *modus vivendi* et qu'ils s'adapteraient d'autant plus vite qu'ils étaient jeunes. Mais jeunes ne veut pas dire à moitié créés... Et certaines puéricultrices sont tout à fait conscientes de la souplesse qui devrait régner dans les horaires dès lors que l'enfant a moins de un an. Il s'ouvre chaque année de plus en plus de crèches à petits effectifs et horaire

34

souple. Ce n'est pas pour votre bien-être de parents, mais pour la sécurité psychique de vos enfants, et ce n'est pas une raison pour l'y laisser aussi longtemps que vous aimeriez!

Car prolonger une situation de décrochage psychique chez un bébé aboutit forcément à une habituation à «habiter la lune», et c'est ce qu'on reprochera plus tard à l'enfant en maternelle. On vous dira que «Léo n'est pas présent», qu'Albine est «dans la lune» et qu'Antoine «se balance désespérément sur son siège», et personne n'en comprendra la cause et n'identifiera le problème trop ancien qui est à l'origine!

Une chose aurait dû alerter les pouvoirs en place et les aider à constater que les très jeunes enfants souffrent en crèche, c'est le nombre incroyable de troubles rhino-pharyngés dans la première année de placement. Cela seul tend à prouver que l'enfant jeune épuise toutes ses défenses immunitaires contre un milieu jugé par lui hostile et qu'il ne lui reste plus de moyens défensifs quand arrive le microbe.

Et pourquoi avons-nous mis si longtemps à voir que beaucoup de nos adolescents utilisaient la drogue alors qu'ils n'avaient ni difficultés affectives, ni anciennes, ni récentes, ni apparentes? La question se pose d'un vide étrange et inexplicable à combler. Même question pour la boulimie actuelle de plus en plus répandue dès l'enfance et la préadolescence. Et *quid* de l'alcoolisme des jeunes de douze et quatorze ans? Il est **évident que certains manques impossibles à expliquer viennent de la partie inconsciente du sujet et dans certains cas ni les parents ni les enfants ne trouvent l'origine de ce symptôme.**

La seule chose qui a vraiment changé est le contexte familial et social. Auparavant, un enfant rentrant chez lui n'était jamais seul, jamais livré à lui-même ou à un tiers. Les tiers, c'étaient les grands-parents et les grands-parents aimaient en l'enfant celui qui prenait la suite. C'est la suite qui manque dans la famille d'aujourd'hui. Famille toujours prête à éclater, dispersant ses membres, écartant les enfants des parents pour les rapprocher d'autres parents qui ne sont pas les leurs...

Chaque départ est cruel parce que l'enfant est amené à vivre avec des étrangers et il doit faire et refaire toujours cette coupure qu'il a connue petit, trop petit, à la crèche... Si notre portefeuille va mieux, si nous nous alimentons mieux et si nous allons en vacances, en revanche notre inconscient souffre souvent. Les parents ont beau s'imaginer donner le paradis sur terre à leur enfant, ils lui réservent parfois une place dans l'enfer d'un inconscient à la dérive qui, sans lien durable sur le plan affectif, sans Surmoi sur le plan moral, retourne vers son départ. Un drogué ou un alcoolique est un bébé adulte qui ne peut vivre sans ce biberon si dangereux pour lui, et il trimbale une violence inhumaine contre ceux qui veulent l'en empêcher. Il est comme le bébé en relation directe avec son « Ça » et prêt à toutes les violences pour conserver ce lien dévorant et parfois violent qui le ramène à son état premier de nourrisson.

Les pouvoirs publics sont prêts à investir des sommes folles pour récupérer les adolescents perdus de ces familles sans proximité affective et parfois sans âme... Ne ferait-on pas mieux d'éviter l'étrangeté et la solitude du jeune âge? Car c'est là qu'un mal aux racines hors d'atteinte, puisque antérieures à l'inconscient, se manifeste : le bébé pleure, hurle parfois quand il se sent perdu trop jeune ailleurs que chez lui, qu'il n'a pas un an et qu'il réagit non pas avec le conscient mais avec ses pulsions, le Ça qui deviendra le « Ça » déchaîné des jeunes.

Ces jeunes sans parents pendant toute la journée et sans loi pour régir leurs actes sont les grands ennemis de notre paix en ce moment. Nous avons acquis du bien-être et perdu de la sécurité. Pourrait-on réfléchir au problème de la formation de la violence chez l'humain dès le berceau ?

4

Il commence à s'asseoir dès quatre mois.
Sa vie change, mais la vôtre se complique
et ce n'est pas fini...

Votre vie se complique parce que, du haut de son siège-bébé, il fait tomber ses jouets et, sans rien à regarder et à manier, bébé s'ennuie. L'être humain étant fondamentalement actif, bébé va commencer à geindre et à appeler quelqu'un qui lui ramasse ses jouets.

Vous allez les lui rendre et de temps en temps en cacher un dans votre dos en faisant « coucou », ce qui va l'étonner puis le ravir. Il voudra tout le temps recommencer, car il découvre avec vous que l'absence est suivie de retour. C'est fondamental quant à vous et quant à lui.

Il est de plus en plus souvent éveillé maintenant. À huit mois il se tient assis et peut jouer tout seul sans faire appel à vous, à condition que ses jouets restent près de lui. La meilleure solution pour lui et pour vous est de le mettre dans un parc avec des coussins, d'une part afin de parer à ses chutes et d'autre part pour que ses joujoux restent auprès de lui. Ainsi il apprendra à se distraire seul pendant de longs moments et à imaginer des scénarios avec les différents objets qui sont à sa disposition. Si vous ne voulez pas être l'esclave de votre enfant, apprenez-lui à jouer de son pouvoir et de son imagination sur les choses et non sur vous ! **Mais ici on entre dans le problème de la culpabilité parentale : peut-on « sadiquement » emprisonner son enfant, le priver de sa liberté en le mettant dans un parc ?** Pourtant, si le parc est une prison, votre appartement en est une autre et vous êtes un geôlier! Prenez les choses dans l'autre sens : vous êtes l'ange gardien de votre enfant et, pour qu'il se sente libre, vous le mettez dans «sa» petite maison à lui : son parc, dans lequel il peut tout faire, sans courir aucun danger. Donc, soyez rassuré : **vous êtes un bon parent, puisque c'est cela qui vous tient à cœur, car vous le protégez en même temps de toute expérience dangereuse pour lui.**

La première année finissant, votre enfant commence à se mettre debout dans son parc et à vouloir partir dans l'appartement à votre suite. Vous réduirez progressivement le temps dans le parc où il continuera de vouloir aller encore, mais surtout il aimera partir à quatre pattes ou à plat ventre, les yeux rivés sur vous ou ce qu'il vient de voir à sa hauteur (attention aux objets placés très bas, il faut les resituer plus haut pour quelque temps). La deuxième année sera celle de la découverte des objets usuels de la maison et des gens. Vous verrez que votre attitude devra changer radicalement à partir du jour où votre enfant se déplacera seul vers l'objet de ses désirs car vous n'aurez plus à l'aider, mais bien au contraire à le freiner et parfois à le gronder...

À la préhension, il a ajouté la liberté d'atteindre les choses qu'il voit et que souvent il ne connaît pas. Il va donc se diriger indifféremment vers les objets dangereux ou non, fragiles ou non. Et c'est à nous qu'il revient de lui permettre ou de défendre l'accès à tel ou tel objet... Nous voilà toujours responsables de son bien, mais maintenant aussi du nôtre! L'enfant, lui, n'est responsable que de son désir et va tâcher de nous l'imposer : **c'est maintenant que va démarrer avec lui la guerre pour la «place», ce qui est très important, car de cette place apprise entre deux et quatre ans va dépendre sa place dans la vie, et le sens qu'il aura de ses droits mais aussi de ses devoirs...**

Nous allons entrer dans le conflit avec l'enfant. Entre lui et nous vont commencer les premières bagarres pour le désir, mais ce ne seront pas les dernières. Il va falloir établir des lois et nous y tenir. Alors que la plupart des parents savent au fond d'eux-mêmes ce qu'il faut défendre, ils s'identifient trop souvent à l'enfant, le plaignent d'être privé, et le laissent outrepasser ses droits pour leur malheur immédiat et pour son malheur futur, lui qui va devenir un « sauvageon » à qui tout est permis.

Mais depuis quand les parents prennent-ils la place de l'enfant pour sentir ce qu'il ressent ? Depuis cette fameuse phrase « l'enfant est une personne », ils se sont mis à traiter l'enfant comme un adulte en lui demandant tout le temps ce qu'il veut, ce qu'il ne veut pas... oubliant que si l'enfant est bien une personne, il est une « **petite personne** » qui ne doit pas imposer son mode de vie à la famille !

C'est important que l'enfant apprenne que l'Autre aussi a ses désirs et qu'il n'est plus l'« enfant-roi » qu'il a été lors de sa première année... D'abord surpris de votre interdiction, il va rester interdit devant votre premier « non ». Rapidement, il va tenter de vous imposer son désir par la force : il hurle, tape des pieds, renverse la chaise et jette les objets, vous donne des coups dans les jambes. Il vous tuerait s'il en avait la force. Car c'est bien devant une épreuve de force que se trouvent les parents avec cet enfant qui se roule par terre, voulant leur dire par là que, dans ces conditions, il ne marche pas (dans tous les sens du mot) et qu'il préfère rester là, réduit à néant... à terre. Il ne veut plus vivre sans faire ce qu'il veut, là !

C'est important de le laisser manifester sa rage et de ne pas satisfaire son désir. C'est important aussi que ce soit vous, les parents bien-aimés, qui lui barriez la route avec votre Loi et parfois vos châtiments dûment appliqués, car cela va lui faire découvrir un nouveau sentiment jusque-là encore inconnu : « Mon papa ou ma maman ne sont pas toujours d'accord avec moi, ils ne font pas toujours ce que je veux et je ne les aime plus.» Cette détestation temporaire est très nouvelle chez l'enfant et ouvre la voie à l'ambivalence fondamentale de l'amour qui, on l'a vu, sera la loi de cet enfant comme elle est la loi de ses parents. Quand le caprice sera fini, un regard de connivence lui prouvera que son parent l'aime toujours malgré le «non» qu'il vient d'imposer.

Lors de la deuxième année, il accède à la notion du «bon» et du «mauvais» grâce à la réaction des adultes éducateurs : il entre en contact avec la LOI grâce à ses parents (aussi bien son père que sa mère).

L'enfant forme donc son caractère au contact du vôtre, il devient coléreux si vous refusez trop souvent ses désirs ou tyrannique si vous ne savez pas lui dire non.

C'est son pouvoir sur les gens et les choses que le tout-petit découvre : il peut prendre et garder, il peut prendre et recracher, il peut prendre et accumuler (la boule de viande dans la bouche peut rester quatre ou cinq heures sans qu'il trouve une issue pour sortir de ce «non» qu'il veut que vous compreniez). Il livre une bagarre de tous les instants contre ceux qui veulent l'éduquer à dire «oui» à leurs désirs et à leur Loi. D'ailleurs il a dit et fait «non» de la tête avant de pouvoir dire et faire «oui», prouvant que le «non» marque le début de la conscience de son désir face à celui de l'Autre...

Pour mesurer sa toute-puissance sur les choses, l'enfant de deux ans fait des caprices et prend plaisir à casser ou à démonter les objets : une voiture sans roues ou une grenouille sans pattes sont monnaie courante dans son coffre à jouets. Ce n'est pas négativité de sa part, mais la découverte que les objets peuvent mourir alors que lui reste vivant... Il fait la même expérience quand, dans son bain, il verse un gobelet dans une timbale puis la timbale dans la bouteille : il mesure que l'eau s'en va et que le récipient reste. Il expérimente qu'il existe un contenant et un contenu, point de vue qui lui sera très précieux quand il aura affaire à la demande parentale : « Donne-moi ton caca. » Il se souviendra alors que c'est lui le contenant, c'est lui qu'on aime, et c'est simplement le contenu qu'on lui demande...

En effet, si l'enfant dit « non » dans un premier temps pour se différencier de ses parents, par la suite il dira oui avec le désir de s'identifier à eux.

« Je suis moi, j'ai mes désirs et je dis oui » sera formulé (sans danger de devenir l'autre) seulement à partir de trois ans et encore à la troisième personne ! À cet âge, en effet, maladroitement il va se nommer, en écornant son nom s'il est trop long ou très difficile à prononcer. Il s'identifie par le « nom » au moment où il commence à identifier ses parents par leur nom et les appelle « papa » et « maman ».

Prenant de l'indépendance, l'enfant va marcher et parfois tomber. Vous ne le gronderez pas mais le consolerez avec sollicitude afin qu'il comprenne que les accidents font partie de la vie...

C'est à nous de lui apprendre ce dont son corps est « capable ». Vous devez bannir la phrase : « Tu ne peux pas... tu es trop petit », mais en même temps l'amener à comprendre que tout n'est pas bon à faire et que tout n'est pas permis.

En effet, si tout était permis, où s'arrêterait le pouvoir d'un être humain sur un autre ? Même jeune, même marchant, même grimpant sur une chaise ou sur votre lit, il doit savoir s'il fait une chose « admise » par vous ou « interdite ». Vous allez être la seule Loi de l'enfant jusqu'à son entrée à l'école maternelle, et l'assistante maternelle devra avoir à peu près les mêmes principes que vous, ou tout au moins faire respecter les vôtres dont vous l'aurez informée.

Cette année-là est donc très complexe pour l'enfant car à la fois il continue de se remplir, de sucer, de téter, comme à l'âge oral, mais en plus il emmagasine le oui et le non, le mauvais et le bon, le sale et le propre. **Il est engagé dans une démarche humaniste qui consiste à porter des jugements définitifs sur les choses et sur les gens.**

C'est l'époque où, faisant pendant le jour des caprices au cours desquels il nous mord, veut nous taper et souhaite nous voir morts, il commence à subir la nuit les effets justiciers de son inconscient qui lui inspire des cauchemars où, à son tour, il va mourir ou être mangé. À cette époque, il souhaite délibérément la disparition d'un de ses parents pour pouvoir «se marier» avec l'autre qu'il aime œdipiennement et sur lequel il fonde tous ses espoirs...

Dans son caprice de la journée, fou de rage il avait fermé ses oreilles et refusé de vous entendre. **Il avait fallu en passer par l'épreuve du corps qui signifie pour lui que, même sans les paroles, ses parents ont le moyen de prendre le pouvoir.**

Ainsi, après une journée houleuse, il rêve que le monstre (un des parents) qui l'a menacé le jour va revenir le manger la nuit. Cela n'a rien d'étonnant. Le plus étonnant, c'est qu'il appelle au secours ce même parent qui doit se lever pour prouver qu'il est bien là, pour le protéger même de ses rêves la nuit. **Il manifeste là sa double fonction de parent dangereux et de parent bienfaisant, passant tour à tour de l'amour à la haine au sein de son attachement à l'enfant.**

C'est l'époque que vous choisirez pour commencer à lui raconter des histoires et des contes où il entendra parler d'ogres et de sorcières comme de fées et de bons génies. Il apprendra ainsi que l'amour peut rétablir la paix et le bonheur et qu'il figure comme antidote du mal.

5

*Cet enfant qui refuse de devenir propre
et donc grand.*

L'acquisition de la propreté est une des pierres d'achoppement sur lesquelles trébuchent souvent les parents. Parce qu'ils n'osent pas sévir, l'enfant se trouve partagé entre la culpabilité de leur déplaire et le sentiment d'avoir réussi à conserver ce qu'il ressent comme lui appartenant.

Pour lui, ce qui sort de son corps lui appartient. C'est pourquoi, dès qu'il s'agit de l'éjecter, il est capable de se retenir pendant des heures afin d'éviter que ses parents n'accaparent ce qui est à lui et qu'il va défendre longuement et seul contre tous !

Le stade de la découverte du sexe qui le rend à deux ans semblable à un de ses parents est pour l'enfant une invite à grandir et à devenir «comme» eux. Et les parents vont en profiter pour demander une preuve d'évolution : ils vont lui demander vers deux ans de se montrer maître de ses excréments et de les faire dans un pot et à un endroit bien précis : la chambre ou les toilettes.

Cette exigence de propreté va malheureusement survenir au moment où il en est à reconnaître son sexe comme sa propriété et sa liberté. Prenant pour sexuel tout ce qui se trouve entre les jambes, il va s'imaginer qu'on lui demande de renoncer à son sexe (surtout le garçon qui ressent de la part de sa mère la *crainte de castration)* ou d'abandonner ce qui est personnellement à lui dans le pot. Il va donc s'opposer fermement au désir de propreté exprimé par les parents.

Il va faire de longues stations sur le pot pour se relever mi-triomphant, mi-inquiet, en vérifiant bien qu'il n'a rien laissé de lui-même dans le pot... C'est pourquoi les parents devront à cet âge jouer avec l'enfant et le laisser jouer avec de l'eau ou du sable ou toute autre chose qu'il mettra dans un contenant puis qu'il reversera aussitôt, vérifiant ainsi que le seau est bien vide mais que le sable ou les cailloux sont là à côté. Il est en effet nécessaire que l'enfant acquière la compréhension de la différence entre l'objet et son contenu pour pouvoir assimiler qu'il est, lui, aimé et que son caca est un contenu sale que tout le monde attend pour le jeter, alors que lui on le gardera.

Mais il ne sert à rien de le lui demander trop tôt. On attendra pour ce faire que l'enfant se déplace tout seul, se lève, s'asseye, se relève, enfin qu'il soit libre d'exécuter ou non ses désirs personnels car là va commencer une lutte plus ou moins longue où tous les coups lui sont permis (de son côté) puisqu'il refuse dans un premier temps de se départir de son bien et de sa propriété... Sachant le plaisir qu'il a à garder ses excréments, à jouer avec parfois, vous l'aiderez en substituant à sa crotte, que vous lui interdisez de toucher, de la pâte à modeler ou de la peinture au doigt, car il pourra en mettre partout et ce sera le « caca » sublimé qu'il renversera sur le papier qu'il transformera en vrai champ de bataille anal.

Chaque fois que l'heure de s'exécuter dans le pot revient, il voit d'un mauvais œil sa mère se lever et se diriger vers les toilettes, car il a compris et déjà il retient son besoin et prépare sa défense contre l'ennemi! Vous n'obtiendrez rien par la fessée et l'enfant s'entêtera dans la guerre avec vous pour vous prouver qu'il est grand et sait ce qu'il veut!

Il est en fait prisonnier d'une double injonction contradictoire terrible : d'un côté, il se voit grand et sexué comme l'un des parents, et de l'autre on lui demande de faire cadeau à ses

parents de ce qu'il pense être sexué chez lui et dont la possession et la libre disposition l'assurent d'être lui-même une personne… C'est l'époque où l'enfant vous dira qu'il est grand et
où il se relèvera du pot en n'ayant rien fait pour rester « grand »,
en refusant d'accéder au désir de l'autre…

Chacun des parents, selon le sexe de l'enfant, lui fera voir aux
toilettes comment s'y prendre. C'est le plus sûr moyen qu'il
comprenne que ce « truc » n'appartient à personne et que tout
le monde vient s'en débarrasser au même endroit.

Peu à peu votre enfant pris entre le désir de grandir et celui
de rester un bébé choisira de vous rejoindre en faisant « comme »
vous car il est en plein œdipe et veut plaire à l'un des deux et
être comme l'autre. Mais cela peut durer un certain temps !

Un jour brutalement il rentre de l'école en tonitruant dans
toute la maison « caca boudin, caca fesses » et il rit comme s'il
se jouait de vous et vous disait des incongruités. Vous devez
comprendre qu'à l'école il a en effet rencontré des enfants plus
grands qui jouaient à dire ces mots comme des incongruités.
Mots non pas vraiment inconnus, mais qui ont tous à voir avec
l'analité (c'est-à-dire avec les matières anales ou le trou qui les
éjecte) et qu'il a appris à la crèche ou ailleurs avec ceux qui
avaient dépassé le stade de la lutte anale et pouvaient en rire et
même se moquer des adultes qui ont tant insisté sur la fausse
valeur des fèces. On ne peut ironiser que sur des choses passées !

**Il tâche de vous confondre en vous lançant à la figure ces
fameux mots dont vous vous êtes tellement servis avec lui dans
la bagarre pour sa propreté et, en plein salon, il vous envoie
ce « caca ! » à la figure en regardant bien la tête que vous faites !**

Si vous ne dites rien, ce jeu peut durer longtemps et se représenter partout et n'importe où. Si vous le grondez, il va prendre
ces mots comme des injures franchement agressives. Si vous riez

avec lui et en dites encore plus, ce sera devenu un jeu intellectuel et terminé la bataille anale! On joue et on rit!

Je me souviens d'avoir inventé à cet âge anal de la lutte pour la propreté avec mes enfants une histoire entièrement salace qui les fit se tordre de rire... Un monsieur avec un chapeau mou sur la tête avait reçu une fiente d'oiseau et très dégoûté avait jeté son chapeau au loin, celui-ci était tombé sur une dame qui tricotait avec une belle laine rose, etc.

Continuez comme vous voulez et riez avec eux. Vous leur aurez prouvé qu'ils ne vous émerveillent ni ne vous agressent avec des mots et des choses que vous connaissez parfaitement, mais qu'on n'en dit pas tous les jours. Et, dès le lendemain, ils en auront fini avec leur refrain...

Mes enfants se souviennent encore à trente ans de la scène : moi racontant des horreurs et eux rigolant comme des bossus, tout le monde était grand et pouvait parler de ces choses pour en rire. L'âge anal allait se terminer dans la sublimation de la propreté, devenue loi commune à tous...

6

Il est tellement jaloux que c'est une honte!
Il tuerait son petit frère si on n'y veillait pas!

Parlant de la deuxième année d'un enfant, il est inévitable d'évoquer l'arrivée éventuelle d'un second bébé que les parents font avec l'idée que les deux enfants vont jouer rapidement ensemble. Erreur! On joue mal avec qui est venu vous ravir votre place et vos droits auprès des parents et on préfère pousser le berceau pour qu'il tombe et, entendant le nouveau-né pleurer, partir en courant...

On préfère mine de rien prendre un crayon et s'amuser à griffonner sur le papier jusqu'au moment où le papier devient le visage du bébé et là le crayon peut devenir une arme... On préfère donner des coups de pied aux parents qui sont en train de pouponner le bébé parce qu'on se sent temporairement délaissé. On préfère refuser de manger ou d'être propre (on régresse) puisque le bébé a le droit de téter tendrement blotti dans les bras des parents... et de faire dans ses couches. On n'a plus du tout envie de grandir.

Finalement l'enfant de dix-huit à trente mois s'assimile le plus souvent à celui qui est petit : le bébé. C'est aux parents de le tirer vers l'identification valorisante de celui qui est «leur grand garçon (fille)». Croyant bien faire au contraire, ils lui font écrire à toute la famille : «Rémy et ses parents sont heureux de vous faire part de l'arrivée d'Antoine» alors que Rémy, ça ne risque surtout pas de le rendre heureux!

Il faut absolument que les parents cessent de prendre pour

méchant l'enfant jaloux car il fait preuve d'intelligence et de défense de sa propre personne. Les parents ne doivent pas pousser l'aîné au dévouement ni à la protection du bébé par lequel lui-même se sent menacé. Ils doivent lui faire comprendre que ce bébé est à eux comme lui-même l'est et qu'ils le protégeront de toute agression y compris la sienne... car ce sont eux qui l'ont voulu!

Dites-vous que votre enfant n'est pas appelé à vivre avec des plus petits, mais avec des enfants de son âge qu'il trouvera dès qu'il ira en maternelle. Et qu'il aimera infiniment plus librement le copain d'école que son petit frère... Ne le grondez pas s'il n'aime pas son petit frère. Ce n'est pas grave car ce n'était pas le fruit de sa demande ni de son désir (quand un enfant demande un bébé à ses parents, il n'a plus deux, mais cinq ou six ans et veut jouer au parent).

Évitez donc tout simplement les situations où l'aîné tout à sa colère et dans un moment d'absence de votre part pourrait régler son compte au suivant.

Votre devoir est de respecter le sentiment d'injustice du grand, tout en sauvant le petit d'un désastre qu'il ne mérite pas! Mais, surtout, sachez qu'il faut trois ou quatre ans à l'aîné pour être sûr d'«être grand» et de le rester et que les naissances rapprochées sont parfois une commodité pour les parents mais toujours une difficulté pour l'enfant précédent, encore trop jeune pour ne pas se croire menacé dans son ascension vers l'adulte.

À ce propos de la jalousie, si on fait un second enfant avant les dix-huit à trente mois du premier, on a de grandes chance d'assister à une bataille de l'aîné pour garder la première place.

Cependant, si on accepte l'agressivité de l'aîné, si on parle avec lui de ses sentiments sans le blâmer, la jalousie restera dans des limites très acceptables. Si au contraire on interdit ce juste sentiment et cette preuve d'intelligence, la jalousie sera multipliée par deux puisque les parents n'ont semble-t-il pas compris l'injustice de la situation. C'est pour cela que l'aîné est en colère et peut le rester toute une vie. Il y a des vies entières marquées par la comparaison avec les autres parce que, petit, on regarde tout sous l'angle de la comparaison. Bien sûr, les parents ne peuvent pas dire qu'ils aiment également les deux enfants puisqu'ils les aiment différemment. Mais ils peuvent expliquer au plus grand qu'il est le premier à avoir été aimé d'eux et que le deuxième n'est pas si grand ni si intéressant, toutes choses vraies d'ailleurs...

Car l'enfant mélange régression et amour, et jamais valeur et amour. Il faut donc, après avoir donné la permission de « ne pas aimer le petit frère », dire qu'on comprend parce qu'il ne parle pas et ne l'intéresse pas beaucoup, mais qu'il est passé par là lui aussi...

Par la suite, si vous n'avez jamais forcé l'aîné à aimer ni à protéger le deuxième, c'est de lui-même que lorsque le petit marchera et courra un danger, vous le verrez venir à son secours. Il se sera rendu compte qu'il est beaucoup plus fort avec ses deux ans d'avance et il va le faire voir !

7

*Le sexe s'étale partout sur les murs de nos villes
et les écrans de nos télés.
Impossible pour nos enfants d'y échapper.*

Mettons-nous d'accord sur ce fait : la sexualité de l'enfant existe depuis son premier jour, parce qu'il a dans la région génitale des cellules sensitives extrêmement nombreuses. Toutes les toilettes que vous lui faites lui ont toujours été agréables. Pour lui, c'est comme si vous le masturbiez et il adore ça ! Quitte à prendre le relais le temps que vous cherchiez une couche propre...

Vous faites votre travail de parents en le changeant, en lui donnant des sensations ; mais vers l'âge de dix-huit mois-deux ans, vous ferez bien de lui parler du sexe de façon très simplifiée, car c'est l'âge où il commence à repérer la différence entre les papas, les mamans, les bébés.

Étant trop petit pour trouver les mots appropriés, il va préférer parler de cette différence par le biais des livres habituels ou de ses joujoux. Ainsi, il posera de façon presque obsédante la question : « C'est une fille ? C'est un garçon ? », ou : « C'est un papa ? C'est une maman ? »

Il faut répondre à ses questions en élargissant l'explication à tous les êtres vivants. Ce n'est que plus tard, vers deux ans et demi, que l'enfant s'inquiétera de la façon dont les mamans font les bébés. Alors, vous lui expliquerez la nécessité du père dès le départ pour donner une graine de bébé à la mère : **l'enfant saura ainsi qu'il a toujours eu un papa, une maman à son origine,**

59

quel que soit son mode de vie actuel. Et si le père n'est plus là, au moins pourra-t-il en parler.

Ne vous cachez pas de lui quand vous circulez nus dans la maison car mine de rien il va enregistrer ce que vous ne l'invitez pas à voir carrément.

Le bain est un lieu particulièrement favorable pour aborder ces questions. C'est là qu'il regarde avec vous son sexe. Vous lui expliquerez qu'il est à lui et à lui seul et que vous, vous ne faites que le nettoyer. D'ailleurs, peu à peu vous lui apprendrez à se laver seul afin de ne pas prolonger une attitude qui devient équivoque à partir de l'âge de quatre ans. Les parents soucieux de prémunir l'enfant contre les actes pervers expliqueront que c'est rigolo d'avoir « ça » mais que ça lui est réservé. Chacun peut s'en amuser seul, il est défendu qu'un autre le touche (à part le médecin et les parents quand ils s'occupent de lui).

En introduisant l'interdiction de l'inceste, les parents donnent à l'enfant la liberté de se servir de son sexe pour se masturber quand il en a envie, avec la réserve que cela ne se fait pas devant tout le monde (c'est la pudeur, j'y reviendrai). Ainsi, quand il se trouve seul et sans autre joujou, il peut s'en amuser (surtout les garçons dont le pénis a une réaction surprenante). Eh oui ! votre enfant se masturbe. Ne saviez-vous pas que la masturbation est la sexualité des gens seuls ?

Il vaut mieux lui donner la permission de s'amuser avec son sexe que de se taire là-dessus en laissant sous-entendre que personne n'en parle jamais, transformant notre enfant en jouet innocent pour le premier pervers...

En tout cas vos enfants ne sont pas du tout pervers avec leur sexualité si vous leur en parlez au fil des jours quand ça se présente, comme vous parlez d'autre chose. Vous les verrez vers trois ou quatre ans jouer à des jeux d'identification aux adultes (dans la période du « comme toi »), jouer au papa et à la maman ou au docteur. Ces jeux leur permettent de baisser parfois la culotte pour voir ce que c'est vraiment un garçon ou une fille, et les garçons ont du mal à croire que les filles n'ont rien ! Et les filles rient de voir le drôle d'appendice des garçons.

C'est une leçon d'anatomie, pas pire que celle de la maîtresse qui amène en pleine classe un couple de hamsters ou un poisson rouge… Et si vous voyez un enfant derrière la porte, n'osant pas entrer là où les autres jouent en riant, dites-vous bien que ce ne sont pas les autres qui sont tordus mais lui qui se sent déjà coupable de chercher à « voir » ce qu'on lui a sans doute interdit de regarder… C'est donc une leçon d'anatomie interactive entre enfants qui se passe dans le secret et sans bruit, ou à plusieurs et au milieu des rires.

Pourquoi iriez-vous l'interdire ? Alors que vous vous souvenez d'en avoir fait autant à leur âge ? N'oublions pas que les jeux d'enfants ne sont souvent que la mise en scène de ce qu'ils nous voient vivre en tant qu'adultes. Souvenez-vous comme quelques mois plus tôt ils vous ont tiré les oreilles, pincé le nez et presque arraché les cheveux pour voir en quoi c'était fait, tout ça qui dépassait de votre visage et qu'ils ne voyaient pas sur eux (entre huit et quinze mois)…

Il est essentiel de ne pas projeter ses fantasmes d'adultes en imaginant un quelconque acte sexuel (qui n'a jamais lieu) entre enfants. Ils peuvent le mimer, mais pas le réaliser, vous les laissez bien jouer avec leur poupée pour faire comme maman !

Pourquoi se cachent-ils pour ces jeux ? Tout simplement parce que vous-mêmes vous vous cachez quand vous faites des choses sexuelles, ce qui est normal car vous n'êtes pas des animaux mais des humains élevés dans la pudeur : on ne fait pas cela devant tout le monde ! C'est vous qui le leur avez appris, et cela s'appelle la « pudeur ». Si par hasard à minuit, en plein coït, vous vous apercevez tout à coup que votre enfant de trois ou quatre ans, réveillé, est descendu de son lit et vous regarde à l'entrée de la chambre, ne plaquez pas tout, ne faites pas comme si une bombe était tombée sur votre lit, mais rectifiez la position pour lui dire : «Mais qu'est-ce que tu fais là? Nous, on s'amusait tous les deux.» **Dès le lendemain, expliquez-lui ce qu'il a vu. C'est indispensable pour qu'il ne se sente pas coupable plus tard dans ses activités sexuelles.**

On peut aussi considérer comme jeu toutes les imitations que nos enfants font de nous vers l'âge de trois ans, le petit garçon mettant un objet dans son slip pour jouer à l'homme et la petite fille glissant deux oranges ou deux pommes en lieu de poitrine, – bien beau si elle n'ajoute pas en bas le sexe de papa avec une troisième orange! Elle jouera à l'accouchement en faisant sortir le poupon d'entre ses jambes et quand vous la verrez faire cela, vous rirez, sachant que si elle peut le mimer, c'est qu'elle l'a compris.

En tout cas, ces jeux sont un rappel pour vous de ce que nous devons dire à l'enfant à ce moment-là touchant la sexualité et la reproduction... Reprenez l'explication où vous l'avez laissée avec les petites graines et la poche de maman en expliquant que le papa avec son pénis peut donner des spermatozoïdes fécondants à la maman quand tous les deux veulent faire un bébé. Il faut spécifier que cela ne peut pas arriver à un petit garçon qui n'a pas encore de graines dans sa glande interne. Si votre enfant n'est pas stupide, il va vous dire : «Je vous ai vus hier, alors vous faisiez un bébé?», et vous expliquerez que ça ne marche pas toutes les fois... Ne parlez pas du plaisir ni du désir à un enfant de quatre ans, il ne le comprendra pas... **Laissez-le sur l'idée que les papas et mamans font des bébés avec leurs sexes mais que ça ne marche pas toujours, n'expliquez pas les règles à une petite fille de cinq ans, elle ne comprendra pas!**

Séparez nettement vos activités sexuelles de celles de vos

enfants. Ne vous risquez à aucun jeu sexuel avec eux, ni aucun attouchement, car c'est là que la loi de l'inceste pourrait être détournée. De plus ces jeux avec l'adulte risquent de surexciter précocement la génitalité de l'enfant et d'en faire un obsédé de sensations. D'ailleurs, c'est souvent à cause d'une masturbation devenue trop fréquente que les parents devinent que quelqu'un touche à l'enfant...

Considérez votre enfant comme une voiture de course qu'on bichonne et prépare un peu plus chaque jour pour la course du lendemain. Mais il y a des années entre le premier essai et le grand jour. «Attendre» est ainsi le mot qui revient le plus souvent dans la bouche du parent qui explique la sexualité à un enfant.

On entre dans la deuxième année en tant que bébé. On en sort à trois ans en tant qu'enfant sexué, connaissant les lois et règles de son milieu et de son sexe et prêt ou non à les respecter selon ce que les parents auront exigé. **Cette année est donc décisive pour ce qui est de la domination, de la soumission, de la négociation et de l'identification sexuelle.**

8

Le soir, il se dépêche de manger
et quitte la table pour aller à la télé,
mais après, pour le tirer de là...

Nous sommes encore à table quand il descend de sa chaise, refusant même le dessert pour aller plus vite. C'est le drame si on lui impose de rester deux minutes de plus pour finir le repas, et parfois il refuse même de manger... Alors, pour avoir la paix, on le laisse faire et il regarde « sa » télé pendant que nous mangeons notre repas ! Mais en désorganisant le repas ou en en étant absent, il perturbe entièrement notre vie de famille. Nous n'aurions jamais pensé avoir une vie aussi problématique à un moment où tout le monde est content de se retrouver : le moment du repas !

À vous de faire respecter l'ordre en interdisant la télé à cette heure ! De toute façon, à quelque heure que ce soit, la télévision des adultes n'est jamais bonne pour un bout de chou ni un enfant, car à tout moment il peut tomber sur des images ou des attentats et des violences. Et, après tout ce qu'on a écrit à ce propos, vous savez qu'elles ne font que banaliser la violence et le droit au coup de poing, coup de couteau, coup de revolver.

Votre enfant sera toujours assez grand pour apprendre dans quel monde dramatique nous vivons, mais il ne doit le faire qu'auprès de ses parents qui apportent leur jugement moral sur ce qui se passe ici ou dans un autre pays.

Sachant qu'il y a de petites oreilles et de petits yeux attentifs, il est désolant qu'aux heures des repas il n'y ait pas de tri de l'information et que certaines choses ne soient pas réservées à des heures plus tardives où nos enfants sont couchés.

Le problème de la télévision est tellement crucial qu'il est primordial d'établir que, dans la vie de l'enfant, le coucher est autour de 20 heures. Cela lui évite d'aller au lit la tête pleine de cailloux, de fusils, de sang, de poursuites mortelles. Nos petits chéris n'ont pas besoin de cela pour faire leurs propres cauchemars!

Mais la question de la télé ne s'arrête pas là. C'est un grave problème dans la vie de tous les enfants d'aujourd'hui que de leur donner à voir dans leur enfance des images violentes, sexuelles ou sadiques, alors qu'ils sont en pleine formation de leur inconscient et tentent de faire un tri entre ce qui est bon et ce qui est mauvais, ce qui est permis et ce qui ne l'est pas.

En effet, nous avons déjà vu qu'au début de la vie le bébé navigue entre haine et amour avec ses parents et que, s'il n'était pas si petit, à deux ans il les exterminerait, mais sa taille l'en empêche. Quand il est grand et adolescent et qu'il pourrait les blesser ou les tuer, **l'attachement filial a fait son chemin, l'identification aussi et il paraît impossible d'anéantir un parent dont on se sent le descendant et le représentant. «Fils de» a pris un sens.**

La plupart des gens ne se comportent **jamais** comme des monstres cruels, mais il peut arriver qu'un humain mal aimé, peu humanisé par ses parents, avec un Surmoi faible, devienne un tueur ou un assassin sans pitié ni émotion parce que sans identification à l'Autre. C'est prendre le parti de l'anomalie psychique que de réaliser des films uniquement basés sur une telle problématique comme le sont *Orange mécanique, Scream, Nikita, Léon* ou *Le Silence des agneaux*.

On voit bien que chez certains adultes et chez certains cinéastes, l'image intérieure de la violence et de la dévoration orale infantile sommeille encore et peut se manifester sous forme d'images meurtrières, sauvages et terrorisantes. Si nous regardons ces images, c'est que cette violence-là nous intéresse, malgré le deuil que, en grandissant, nous avons fait du souhait infantile de tuer tous ceux qui nous dérangent.

Or nos enfants en dessous de six ans regardent certains jours de congé le petit écran deux heures durant et parfois plus. Quand on sait qu'une enquête du CSA nous dit qu'il y a neuf séquences violentes par heure dans les fictions, lesquelles emplissent majoritairement les programmes pour la jeunesse, on se rend compte qu'ils ont peut-être été nourris du lait de leur mère mais sont sevrés à coups de meurtres réalisés sous leurs yeux. Par ailleurs, les fictions américaines (les plus nombreuses à l'écran) contiennent 65 % d'images violentes contre 19 % dans les fictions françaises. Alors, vive le cinéma français ! Si on n'a pas de film français à programmer, diffusons donc des documentaires en pleine journée, ce sera beaucoup plus agréable pour nos petits qui verront la vie au lieu de la mort et pour les personnes du troisième âge qui y apprendront quelque chose !

Les parents d'aujourd'hui, si hésitants à corriger physiquement leurs enfants de peur de leur faire mal dans leur corps, les laissent consommer la violence et l'agressivité dans leur cœur pendant des heures entières du moment que ce ne sont pas eux qui en sont à l'origine !

Ce comportement parental inadapté à l'enfant n'a pour but que de conserver la paix dans les familles. L'enfant, certes, n'agressera pas ses parents devant la télé, **mais il engrangera tout ce qu'on peut faire à celui qui nous contrarie ou se met en travers de notre route. C'est ainsi que la violence de l'enfant, comme celle de l'adolescent, se développera à l'extérieur de la famille.**

Plus nos enfants jeunes voient seuls la télé, plus leur « Ça », réservoir de pulsions mortifères, est admis comme pouvant faire partie du Moi, et moins ils s'identifient à un modèle humain animé de sentiments positifs. Si nos enfants nous paraissent parfois insensibles et peu respectueux des autres, copains, parents, personnes âgées, c'est que nous n'avons pas fait le travail d'éducation nécessaire auprès d'eux et que nous avons même favorisé l'inverse : **ils ont vu à la télévision trop d'adultes et de vieillards bousculés, piétinés, assassinés par de jeunes voyous qui s'amusaient bien** ! Car, pour les enfants, beaucoup de choses se passent d'abord virtuellement et puis un jour ils ont un flingue à la main. Sans raison, sans haine, ils pressent automatiquement sur la détente et le coup part... Ils se retrouvent chez le juge, inculpés à douze ans ! Livides et indifférents à la situation, alors qu'ils ne pourraient pas assister sans émoi et sans pleurs à la mort de leur propre grand-père...

Enfants comme adultes peuvent en milieu de journée « ouvrir » le torrent sans fin de la télé et tomber sur un policier des familles (*Walker Texas Ranger, Les Dessous de Palm Beach*) dans lesquels il y aura encore des violences ou des meurtres sans aucune signalisation au coin droit de l'écran, et l'enfant les regarde sans avertissement... D'après le rapport du CSA, un enfant qui passe deux heures par jour devant la télé, donc quatorze heures par semaine, a des chances, s'il zappe quelque peu, de voir cent cinquante meurtres en sept jours. Et tout cela sans qu'aucun adulte prenne la peine d'en parler pour le condamner et mettre l'enfant en garde contre l'exagération des séquences violentes prises comme éléments divertissants pour le spectateur. Au début de sa vie, **l'enfant joue à la guerre et à la mort** avec des armes en plastique et, plus tard, à notre grand étonnement, il ne paraît pas choqué de **donner une vraie mort avec une arme véritable.**

Nos enfants semblent avoir une double personnalité : celle de la télé irréelle et violente d'une part, et celle de la famille réelle d'autre part : dès qu'il est question d'armes ils paraissent devenir insensibles et seraient capables de les manier sans étonnement, ni émotion, alors que, pour un vieux jean mis à la poubelle, ils vont se mettre à pleurer.

La morale dans tout cela ? Elle est inexistante ! La moindre des précautions éducatives serait de veiller à ce que, jusqu'à six ans, l'enfant ne regarde la télé qu'avec un adulte qui puisse porter un jugement ou une conclusion humaine ou morale pour tout ce que l'enfant est en train d'avaler sans discernement.

La télé ne crée ni ne suscite la violence. Elle la « retrouve » au fond de l'individu où elle s'est établie depuis l'origine de l'enfant (du temps où, au cours de ses terribles caprices de l'âge de deux ans, il aurait assassiné tout le monde s'il l'avait pu) et où elle est restée active dans ses fantasmes, fantasmes qui sont remis à l'ordre du jour par les images cruelles qu'enregistre le cerveau du téléspectateur.

Dans les tests de personnalité, ces enfants télévores apparaissent clairement actifs, intelligents, logiques, mais peu enclins à exprimer leurs sentiments et « retardés » dans la compréhension des situations affectives humaines. **L'absence de sensations réelles et le manque d'échange verbal avec l'adulte, ajoutés au matraquage par les images violentes, empêchent l'enfant de réagir en sujet autonome et ne favorisent pas son évolution affective.**

La télévision, dans son ensemble, deviendra positive et formatrice pour l'inconscient de l'enfant dans la mesure où elle lui proposera des héros proches de l'humain (même des animaux parlants) et où la violence et l'immoralité ne domineront pas le tableau ! Elle peut même devenir un instrument éducatif précieux dans la mesure où elle proposera le mercredi des films et séries pour enfants, adaptés à leurs besoins d'identification et dans lesquels la vie ne sera présentée ni comme un éden, ni comme un enfer, mais comme une conquête progressive de l'univers qui nous entoure.

9

*Il refuse systématiquement
de s'habiller le matin
pour aller à l'école maternelle.*

Que faire devant cet enfant transformé en toupie et qui hurle « non ! », « non, pas ça ! ». Le sol est jonché de vêtements qu'il a arrachés de vos mains et semés dans toute la chambre. Avant toute chose, il faut comprendre pourquoi il ne veut pas s'habiller ce matin-là... C'est parce que, après l'habillage, il faut sortir du cocon familial et aller à l'école. Or Lucas veut rester là, avec sa maman, et jouer à ce qu'il veut !

Il y a donc affrontement de deux volontés contraires. Vous voulez l'amener à l'école et vous voulez ensuite aller au travail vous-même. Qui va renoncer à son désir ? Lucas ! C'est lui qui n'a pas le sens que, s'il ne suit pas l'horaire prévu, sa matinée et la vôtre seront fichues. Il va donc falloir arriver à habiller ce monstre hurlant ! Vous essayez de lui proposer un autre pantalon, un tricot d'une couleur différente. Il refuse toujours. S'il accepte, vous venez de lui faire comprendre le contraire de ce qu'il devait comprendre : il a compris qu'il peut vous commander ! Est-ce bien normal, et n'allez-vous pas le payer très cher chaque matin ? De même pour beaucoup d'autres choses ?

Pourquoi ne pas lui avoir imposé votre choix judicieux de parent ? Parce que vous êtes toujours dans la même dialectique : vous êtes envahi de culpabilité à l'idée de le quitter sur un sentiment de haine de sa part ! Mais vous-même, où en êtes-vous de vos sentiments intérieurs quand vous le voyez qui barre votre route et va vous faire arriver en retard ? La colère s'est mélangée à la culpabilité et vous vous préparez à le laisser partir avec un tee-shirt d'été en plein hiver et des sandales alors qu'il pleut! Pour avoir la paix avec lui...

Eh bien non, vous êtes en guerre tous les deux. Ayez le courage de lui montrer ce qu'est la guerre avec quelqu'un qui a le pouvoir et la force de son côté. Vous commencez par lâcher ce ton suppliant que vous croyez nécessaire pour qu'il se mette à votre place et vous plaigne (donc devienne votre parent). **Et vous prenez votre véritable ton de parent en colère. Vous élevez la voix et vous lui dites que c'est tout de suite qu'il faut s'habiller, sans donner la raison, et que, s'il n'obéit pas, vous allez sévir...** Il vous regarde interloqué et décide d'arrêter son cirque. Ou de le continuer, auquel cas vous répétez votre menace. Si l'enfant s'oppose toujours, vous lui collez une tape sur les jambes ou le bras, tout dépend de ce qui est à votre portée, ou même une petite fessée sur son derrière – mais pas de gifle sur le visage, lieu de tous les bisous et démonstrations positives d'amour –, votre enfant va se mettre à hurler comme un cochon qu'on égorge, mais ce n'est pas grave, c'est même son travail de prouver à quel point il est vexé qu'on l'agresse, alors que c'est ce qu'il était en train de faire d'une autre façon avec vous! Et vous pouvez même lui dire : «Tu as voulu m'embêter? Eh bien moi aussi je peux t'embêter!»

À partir de là, faites attention à le tenir fermement et éviter tout retour vengeur de sa part car il n'en a pas le droit. Vous êtes en train de lui apprendre le respect des grandes personnes qu'il devra appliquer pendant toute son enfance et avec toute grande personne.

Votre enfant enfin emmitouflé jusqu'au nez, vous le prenez dans les bras comme d'habitude jusqu'à la porte de l'appartement. Normalement, ayant l'assurance d'arriver à l'heure puisque la séquence de rage et d'opposition a été courte – donc tout va bien entre vous, pas de tentative de réparation, baisers, gâteau ou autre –, vous devez être redevenu calme. Vous voilà donc comme d'habitude cheminant vers l'école en le tenant par la main ou en poussant sa poussette aussi tranquillement que si rien ne s'était passé. **La scène que vous avez jouée tous les deux fait partie de toutes les enfances, mais les parents ont oublié leur rôle et pour eux la conclusion est catastrophique !**

J'ajoute que votre enfant mettant les pieds dans l'école sera ravi de changer d'ambiance et de compagnon. Il s'échappera de vos bras avant même de vous dire au revoir. Ne courez pas après lui pour l'embrasser une dernière fois, ce serait contraire à son besoin de se libérer de tout cela… Vous le retrouverez ce soir **tout aussi content que d'habitude et ayant enregistré que le matin, c'est papa et maman qui décident des choses de l'école.**

Vous aurez ce jour-là appliqué la première loi que vous avez apprise en ouvrant ce livre : l'ambivalence des sentiments fait partie de la relation parent-enfant.

10

*À l'école, il s'agite, agresse les autres
et perturbe la classe.*

Comme il est obligatoire d'aller à l'école, Lucas a fini par donner la main et par y aller, à cette satanée école où, paraît-il, tout est si bien. Mais lui, ce qu'il trouvait bien, c'était de ne pas changer, de ne pas grandir, de pouvoir toujours rester libre et indépendant comme à la crèche...

Il y a deux façons de ne pas être à l'école alors qu'on s'y trouve : soit d'ignorer ce qui s'y passe et de partir dans les nuages en n'écoutant rien de ce que demande la maîtresse ; soit de s'agiter en permanence pour éviter d'obéir et d'écouter parce qu'on n'a pas l'habitude de respecter l'autorité des grandes personnes. À la maison, on arrivait toujours à faire ce qu'on voulait avec un peu de caprice, un peu de chantage ou beaucoup de bruit.

Un enfant agité est celui qui se lève, s'assoit à temps et à contretemps. Il demande sans arrêt à aller aux W.-C. alors qu'il en vient... Il remue sur sa chaise, faisant tomber ses affaires ou celles des autres, ne cesse de se retourner pour bavarder avec le copain de derrière et bouge constamment ses pieds et ses jambes, cherchant une position confortable. Le problème est qu'il ne sait pas « être bien et se tenir assis » car chez lui on n'a jamais exigé cela. Comment pourrait-il commencer aujourd'hui ?

Si votre enfant fait partie des agités et perturbateurs de la classe, c'est qu'il n'a qu'une envie : bouger et ne faire que ce qu'il veut. Il est incapable de faire ce que l'autre lui demande. Cela vient du milieu familial où les ordres et contrordres des parents se succédaient et, dans le temps, l'enfant ne savait pas à qui donner raison et s'agitait vainement dans un sens ou dans l'autre, comme seule réponse aux contradictions des parents entre eux ou à leur désaccord conjugal.

Mais, le plus souvent, l'agitation est le reliquat de l'opposition fondamentale de l'âge de deux ans que vous n'avez pas su dominer par votre autorité. Comme nous l'avons vu plus haut, bien des enfants chez eux font ce qu'ils veulent, sous le regard atterré des parents qui n'osent plus rien dire parce qu'ils sont ficelés par l'agressivité d'un enfant à qui on leur a «interdit d'interdire». Cet enfant ne vit qu'en faisant le contraire de leur désir. Un tel comportement est une manière d'annihiler en permanence les parents.

Ceux-ci le tolèrent comme on tolère une maladie, un tic nerveux incontrôlable. On dit de cet enfant qu'«il ne tient pas en place». Mais il a trouvé cette façon de passer outre à tous leurs désirs et toutes leurs demandes depuis l'âge de la marche, environ la deuxième année.

On en revient inévitablement à cette deuxième année de l'enfant où le parent doit manifester son autorité et imposer sa volonté, y compris par la punition manuelle. **Il est inconséquent de vouloir promulguer des lois pour interdire une fessée qui n'a jamais fait de mal que dans les familles de sadiques où elle était donnée avec un martinet, un manche à balai ou la ceinture du père...** Toutes les familles ne sont pas comme cela, Dieu merci! Mais tous les parents ont besoin de moyens pour imposer leur loi à l'enfant. Et si celui-ci n'entend pas les paroles d'interdit, alors le parent en vient aux mains. L'avertissement devient sanction manuelle qui fait réagir l'enfant négativement d'abord, puis positivement puisque cela forme son Surmoi et lui apprend le respect de la parole de l'adulte.

Bien sûr aussi, certains enfants s'agitent parce qu'ils ne

veulent pas rencontrer l'adulte. Ils ont peut-être eu des parents trop sur leur dos ou trop sévères (ce qui est devenu rare et est parfois qualifié de maltraitance).

Il peut aussi fuir un jugement défavorable qui le poursuit dans tous ses actes à la maison : il arrive en effet qu'un enfant soit pris comme objet de vindicte par les parents et ramasse des réflexions désobligeantes à la place de tous les enfants de cette famille. Il a appris à fuir ou à ne jamais être là où on le croit, pour ne pas entendre : «Ah! Tu as encore renversé la tasse!» Ou : «Tu ne peux pas arrêter de faire grincer ta chaise», etc.

Autre raison pour l'enfant de s'agiter tout le temps : une mère qui s'inquiète pour lui dès qu'elle ne l'entend plus et fait irruption dans la chambre à tout bout de champ : «Je ne t'entends plus, que fais-tu?» Comme si elle craignait qu'il ait eu un accident! Alors, l'enfant a appris à jeter ses jouets contre les murs, à les casser, mais pas à jouer tranquillement avec ses camions ou ses outils. Il s'est senti «espionné». Les enfants détestent ça. Autant ils nous supplient parfois d'aller jouer avec eux, autant ils aiment aussi se débrouiller seuls avec l'idée qu'ils viennent d'avoir.

Il y a beaucoup de raisons qui font qu'un enfant ne reste pas en place, mais ce sont **toujours des façons de faire inventées à la maison en face de parents qui ne l'ont pas sécurisé par une autorité régulière et saine.** L'enfant n'a pas appris à aimer et à respecter les adultes et à parler avec eux. En classe, il y a un adulte qui commande, à qui il faut répondre posément. Alors, face à une telle demande, le comportement de fuite ne peut que s'accentuer.

Intelligent de nature (la plupart du temps), l'enfant aimerait l'école s'il ne fallait pas, d'abord, se tenir tranquille et, ensuite, faire ce qu'on lui dit de faire et donc reconnaître le droit des adultes sur les enfants – chose que nous ne leur avons guère apprise avec nos grandes affiches sur «les droits des enfants».

N'oubliez pas le credo des parents :

La première année est tendre et sans rupture affective pour assurer **la cohésion de l'être**, elle est consacrée à passer tout doucement de **la symbiose avec la mère à la prise de conscience de soi-même** comme différent de l'Autre : se regardant dans une glace vers le huitième mois, l'enfant se reconnaît et se sourit en cherchant sa mère derrière la glace.

La deuxième année est tendre et sévère, pleine de ruptures et de réconciliations. L'enfant apprend **la permanence d'une Loi qui régit les rapports avec les autres**. Il s'habitue à la transaction et comprend que son désir ne sera pas toujours roi, ce qui va être à la base de son entente avec les autres enfants et lui évitera de se prendre pour le maître et de jouer le tyran ou le bourreau.

La troisième année sera tendre mais concrétisera **la rencontre avec d'autres personnes et d'autres enfants** que ceux de la famille. Nous voyons bien là qu'elle est le résultat du travail psychique opéré par le bébé avec l'aide de ses parents depuis sa naissance jusqu'à son entrée en classe maternelle aujourd'hui.

Donc, parents, respectez bien ces trois étapes fondamentales de la vie de l'enfant qui en feront un être humain sachant vivre en société sans devenir un voleur ou un violeur des autres.

11

Un enfant qui refuse la nourriture de son assiette
et qui va au réfrigérateur choisir ce qu'il aime.

Cet enfant veut manifester qu'il y a une distance entre ses goûts et les nôtres, et après tout c'est bien son droit! Mais il doit apprendre qu'il faut manger de tout même si on a une préférence pour ceci ou pour cela. **Nous devons lui manifester que nous avons décidé d'emblée que, s'il ne mange pas un peu de ceci, il n'aura pas non plus de cela, c'est-à-dire de dessert,** et il quittera la table quelles que soient ses supplications pour y rester. Ce qu'il doit comprendre, c'est que la table est le lieu qu'occupent les personnes qui ont faim. Ce doit être clair dans la tête de votre enfant dès le départ.

Je connais trop ces mères qui, devant le refus de l'enfant, ont peur qu'il ne quitte la table « la faim au ventre » et accélèrent le mouvement vers les desserts. Il n'en aura que plus de choix entre la crème, le flanc, la glace. À croire qu'en faisant le pitre on obtient tout ce qu'il y a de mieux! Mais comprenez ce qu'il apprend là : «C'est moi qui décide de ce que je veux et mes parents obéissent à mon désir, il suffit d'y mettre la dose!» Il l'appliquera ailleurs et surtout en classe, et ce ne sera pas du goût de la maîtresse, ni du vôtre.

Et la maîtresse va devoir lui apprendre péniblement qu'il ne fait pas ce qu'il veut mais ce que l'adulte lui demande. Seulement il est surpris de ce qu'on lui impose et qu'il aurait dû savoir depuis déjà bien longtemps!... Il devra donc apprendre à écrire comme à compter «**parce que c'est comme cela qu'on** grandit », voilà la seule raison que vous ne lui avez jamais dite, l'imaginant toujours trop petit pour comprendre l'intérêt de grandir qui ouvre sur la liberté de faire qui sera sa vraie liberté.

Alors qu'en respectant sa volonté de petit d'aujourd'hui qui veut vous imposer son choix, vous l'ancrez dans le sentiment que les enfants ont les mêmes droits que les adultes. Donc, pourquoi grandir ? N'est-ce pas **le problème de tous nos enfants qui refusent d'adopter les lois des grands pour nous imposer celles des petits** : par exemple, à table, la famille finit par ne manger que du poulet rôti et des pâtes ou des pommes de terre, et certains enfants, pour les avoir refusés une fois, ne reverront plus sur la table de légumes verts, régulièrement remplacés par des pommes de terre (je ne vous parle pas de leur tendance à l'obésité...).

Un enfant est d'autant plus réceptif sur le plan inconscient qu'il est plus jeune ! Rien n'est pire que des parents qui n'éduquent pas l'enfant dans les trois premières années parce que, contrairement à ce qu'ils croient, c'est alors que l'enfant apprend le plus facilement tout ! Y compris les mœurs de sa famille et ce que l'on mange et boit dans cette famille... Cela fera partie de sa personnalité future et il dira fièrement aux autres : « Chez moi on mange... », et chacun découvrira avec stupéfaction que la Loi est différente dans chaque famille mais qu'il y a une Loi de la nourriture dans chaque maison.

Cependant, si la guerre du repas s'installe, si vous êtes une mère au cœur tendre, pensez qu'après avoir refusé de manger l'enfant risque de vous demander à le faire après la bataille. Ne lui proposez pas ce qu'il a refusé, mais donnez-lui le repas du « puni » ou du prisonnier : trois ou quatre biscottes et un verre d'eau, vous verrez qu'il comprendra la logique des choses et qu'il la respectera mieux le lendemain.

Vous éviterez ainsi la famine au lit ou les pleurs sans fin qui font que vous vous relevez pour le consoler et lui donner évidemment le gâteau ou la banane qu'il demande. Et vous l'empêcherez de prendre l'habitude de rouvrir le réfrigérateur après que tout le monde est couché et de s'y servir généreusement – ce qui est un facteur d'obésité certain lorsque l'enfant ingère de la nourriture quelques minutes avant de dormir !

Sachez qu'un repas où on se fait punir n'est pas un repas fichu. C'est un repas éducatif au lieu d'être un repas jouissif... Il y a plusieurs manières de nourrir nos enfants, il y a la manière de leur faire avaler de la nourriture, et puis aussi la manière de leur faire comprendre les lois qui concernent la nourriture.

La loi du goûter que l'on prend seul et souvent de son propre choix n'est pas la même que la loi du repas qui est celle d'un groupe, dit famille, où chacun prend son plaisir à partager la même nourriture, à partager aussi et raconter ce qu'il a fait ou vu dans la journée. À table on n'est pas seul, il y a tous les autres !

Il y a donc une loi commune à tous, la table est un lieu de retrouvailles affectives et conviviales fait de lois communes à tous. On ne doit pas le perturber en ne faisant que renverser son verre ou en menaçant les autres avec sa fourchette.

Donc, apprenez à l'enfant qu'on ne va à la table des grands que lorsqu'on est assez grand pour cela, c'est-à-dire lorsqu'on est capable de bien se tenir et de manger proprement tout ce qu'on a dans son assiette. Sinon on reste sur la chaise haute des bébés.

12

Comment nos chers petits deviennent obèses
dès le plus jeune âge...

Après avoir refusé la plupart des plats que vous lui avez présentés, Yann, mine de rien, quitte la table et recommence dans votre dos un deuxième dîner...

Passant devant le placard à gâteaux, il prend négligemment pour terminer son repas des choses qu'il aime et qui sont en général réservées au goûter : pains au chocolat et madeleines ou petits gâteaux, et s'en va les manger à côté ou dans sa chambre... Il revient un moment plus tard et demande s'il peut avoir un Coca car il a soif maintenant ! Et vous, toujours refusant le conflit avec lui, vous allez le lui donner. Voilà un enfant qui va se coucher dans une demi-heure bourré de sucres rapides destinés à rester inemployés dans son corps endormi et figurer dans ces graisses de réserve augmentant régulièrement qui deviennent ces bouées que trimbalent nos enfants parfois dès l'âge de quatre ans...

On aurait pu éviter cela en lisant au chapitre précédent que l'enfant devrait être habitué à manger de tout et donc des légumes (moins caloriques que les gâteaux) et ne devrait avoir qu'un seul dessert. Car il vaut mieux un petit creux que votre enfant supportera très bien qu'une surcharge qui va le transformer peu à peu en Bibendum. Tout seul, il ne saura pas faire disparaître cette surcharge qui fera de lui l'objet des quolibets des autres enfants. «Grosse patate, gros nounours, eh, la dondon !», etc., qui laissent l'enfant humilié et à l'écart des autres du fait de ce paquet de gras qui entoure son estomac.

Comme d'habitude, avec votre enfant, **vous avez préféré le bonheur de l'instant et la facilité du «oui» par rapport au «non» qui vous fait craindre qu'il ne se sente pas aimé de vous!**

C'est le gros problème de tous les parents et surtout des mères absentes et coupables que de favoriser les demandes immédiates de l'enfant, en négligeant les répercussions futures de cette faiblesse sur son avenir. **Ce que nous avons vu à propos du manque d'autorité envers les caprices de l'enfant de deux ans et qui le mène tout droit à devenir un enfant tyran,** nous le retrouvons ici sous une autre forme. Vous n'aurez pas de conflits avec l'enfant, il ne vous tyrannisera pas, mais lui, plus tard, sera tyrannisé par tous les autres enfants qui le considéreront comme «différent» et indigne d'être aimé. Il sera tombé dans ce que vous vouliez le plus éviter : le sentiment infantile de ne pas être aimé.

Le grignotage est, nous le savons tous, le meilleur moyen de ne pas se sentir vide à l'intérieur. Mais c'est, hélas, en même temps le moyen de constituer un trop-plein externe visible par tous.

Nos enfants grignotent soit parce qu'ils n'ont pas bien mangé à table, soit parce que tout leur est permis en rentrant d'école, soit (et c'est la raison la plus fréquente) parce que, personne n'étant là pour les accueillir à leur arrivée à la maison, ils se remplissent de sucreries en attendant la sucrerie principale : les parents! Ce qui veut dire que les horaires des enfants et des parents devraient être en phase, car les fameux enfants «à la clef» sont la proie de toutes les envies devant le vide affectif qu'ils trouvent à la maison après plusieurs heures d'absence consécutives.

J'ai déjà expliqué dans le chapitre sur l'alimentation du bébé qu'il y avait équivalence pour l'enfant entre la tendresse parentale et la nourriture, que l'un peut faire oublier l'autre et que jouer avec un bébé, c'est transformer son activité primitive qui ne connaît que l'acte de manger en autre activité grâce aux yeux, aux mains, aux pieds.

Nous avons vu que cette transformation de la pulsion de « prendre » en pulsion d'« apprendre » s'appelle la Sublimation et que l'enfant la découvre avec ses parents. La Libido (désir de vivre) peut prendre une forme ou une autre selon que les parents agissent et remplissent le bébé avec seulement de la nourriture ou avec des mots et des jeux affectifs, le tirant très au-dessus de son état primitif de petit animal vivant pour en faire un être « communiquant » et « aimant ».

Il faut dire un mot ici des enfants boulimiques et anorexiques dont le symptôme (actuellement en hausse) est toujours en rapport avec trop ou pas assez d'amour des parents pour comprendre qu'une addiction (à la nourriture, à la boisson, au tabac, ou à la drogue) ne tombe pas sur n'importe qui, mais sur celui qui, mal aimé, a pris l'habitude de remplacer le parent absent avec des bonbons, la télé ou des balancements et même la masturbation qui est une forme d'occupation qui donne un contentement.

Alors les parents d'aujourd'hui seraient-ils moins aimants que ceux d'avant ? Nullement, mais ils sont tellement plus stressés par les difficultés financières (pour la moitié des couples) et si fatigués des journées passées face à une machine intransigeante (travail en usine) ou un appareil d'informatique qui demande une mise en alerte permanente qu'ils ne ressemblent plus du tout aux parents d'autrefois qui avaient le temps et l'humeur à acheter un journal ou une revue et continuaient ainsi leur vie culturelle en sortant du travail.

Les parents d'aujourd'hui ne trouvent qu'un mode de repos qui leur permet en même temps de se tenir au courant de la vie dans leur pays et empêche leurs enfants de les saturer de demandes : la télé! Seule interlocutrice pour toute la famille et qui parle de façon événementielle et sans aucun jugement des affaires de la journée. Il n'y a rien de plus impersonnel que la télévision. Dire que c'est notre seule communication avec nos enfants le soir! Eux, sortant de l'école, ont besoin de nous embrasser, nous parler, et puis de sauter, courir, jouer, ce qu'on ne peut pas faire dans un appartement au quatrième étage... sans embêter tout l'immeuble!... Alors ils se tiennent aussi devant la télé ou descendent dans la rue. Pour y faire quoi? Rien d'organisé ni d'intéressant : il n'y a ni salle polyvalente pour les jeunes, ni terrains de sport libres, ni éducateurs ou moniteurs dans les rues de 17 à 19 heures! Comment apprendraient-ils autre chose que d'aller chercher des satisfactions immédiates : chewing-gums, biscuits ou Coca que leur proposent les plus grands déjà capables de razzia ou de fauches systématiques.

Finalement, les enfants qui paraissent sages sont ceux qui restent tranquillement à la maison alors qu'ils n'ont pas bougé de la journée (en France on ne fait pas de sport l'après-midi contrairement à beaucoup de pays européens), qui se gavent de télé et en même temps de sucreries qu'ils n'auront pas l'occasion de dépenser d'ici le coucher. Comment n'auraient-ils pas cette tendance à l'embonpoint qui les menace de plus en plus (un sur dix)? Et comment ne pas dire que les parents ont une vie trop dure, et les enfants une vie trop douce, toujours libres de faire ce qu'ils veulent? N'étant pas requis pour aider les parents, ils vont s'asseoir à table comme des princes qu'on servira... C'est le pays des enfants-rois!

Pourquoi ne demandons-nous pas de l'aide à nos enfants? Parce que nous les considérons comme très fatigués... Erreur, les enfants ont une résistance à l'effort bien plus grande que les adultes et faire quelque chose de leurs mains les ferait bouger et leur éviterait cet éternel ennui lové dans le canapé et devant la télé !

Si nous continuons ainsi à vivre au jour le jour, nos enfants en subiront les conséquences. **Une deuxième Amérique s'érigera en Europe avec tout ce que cela représente de vie facile et de violence désespérée, seul moyen de prouver que l'on n'est pas un irresponsable, bien nourri par ses parents.**

Il n'y a pas que les parents qui provoquent par leur comportement l'obésité de leurs enfants. Il y a toutes les tentations externes à la famille savamment répandues dans le hall et les couloirs de l'école ou du collège. Comme nous l'expliquait l'autre soir un charmant blondinet déjà obèse à quatorze ans, l'enfant va d'un distributeur de viennoiseries à un distributeur de boissons et le voilà en train de redéjeuner en arrivant ! Le comportement est le même à la récréation et parfois sur le chemin du retour où la boulangère connaît bien cet enfant qui gentiment tire de sa poche l'argent que ses parents lui ont donné… Rien à redire, sinon que les distributeurs de nourriture n'ont rien à faire dans les écoles et qu'ils sont une incitation pour les enfants qui, ayant peu de contacts verbaux avec leurs semblables, vont se rabattre sur la nourriture faute de pouvoir « sublimer ».

Un détail que peu de parents connaissent : on grossit d'autant plus vite qu'on nous a déjà suralimentés à l'époque du biberon et que nos cellules de bébé se sont habituées à stocker les calories inemployées puisque le nourrisson n'a pas ou très peu d'activité motrice dans les premiers mois. Nous voilà rejoignant la peur des mères qui craignent toujours que le bébé ne « prenne » pas assez et sont ravies qu'il prenne goulûment tout ce qui se présente, alors qu'il faut toujours se souvenir qu'un bébé (à moins qu'il ne soit malade) a une très grande force de résistance et peut laisser la moitié d'un biberon sans être menacé de famine.

L'angoisse des mères est mauvaise conseillère en l'occurrence car elle enclenche un processus **qui ne s'arrêtera plus : gavé quand il est petit, le bébé est déjà trop rond à huit mois et prendra du poids dans la vie chaque fois qu'il sera suralimenté.** Après l'avoir gâté toute la première année, il faudra le priver et comptabiliser ses calories toute sa vie et surtout à l'adolescence s'il ne bouge pas plus qu'un bébé au berceau! Vous constaterez au passage qu'autrefois le fait d'être nourri au sein pendant la première année ou plus évitait cette suralimentation... Donc, femmes qui travaillez, ne compensez pas votre absence en suralimentant l'enfant pour établir votre bonne conscience d'être une bonne mère.

13

Pourquoi nos enfants de trois ans sont insortables
et transforment en catastrophe
nos journées avec les amis.

Notre enfant ne cesse de demander quelque chose quitte à prendre ce qui est aux autres enfants et peut se livrer chez nous et chez les autres aux pires bêtises, voire cruautés. Si nul ne peut l'arrêter, c'est parce que nous ne lui avons pas appris à la maison que ce qui était aux autres n'était pas à lui. Nous avons refusé de lui faire rendre ce qu'il avait dérobé hors de la maison (amis, magasins).

Nous n'avons pas jugé utile de lui expliquer qu'il y avait des gens plus ou moins riches. Ni la place et le niveau que nous occupions dans la société, donc si nous étions destinés à partager nos choses avec les plus pauvres ou à regarder avec envie les biens des plus riches. Et à savoir nous en passer, car le bonheur ne réside pas uniquement dans la possession de biens de consommation.

Pour que notre enfant ne souffre pas d'infériorité, nous avons fait comme si tout le monde était pareil sur le plan social. Quitte à nous vider complètement les poches et le portefeuille pour son anniversaire et pour le Père Noël, nous lui avons donné tout ce qu'il demandait et la demande des enfants d'aujourd'hui est sans fin...

Que ce soit sur le plan de la nourriture, comme de l'habillement ou des distractions, ils demandent sans vergogne à la marraine, au grand-père ou aux amis tout ce qu'ils n'ont pas eu de leurs parents. Ils dévorent tout ce qui peut faire plaisir à un enfant. Aucun adulte n'ose faire moins que le voisin, cependant que les structures de vente se réjouissent de l'augmentation de leurs bénéfices grâce à la demande des enfants...

Il faut voir les parents dans un magasin de chaussures ou de vêtements, avec un enfant qui réclame tout ce qu'il y a de plus « tendance » et parfois de cher. Ils attendent catastrophés que le choix de l'enfant s'arrête sur quelque chose d'un prix acceptable, mais bien souvent l'enfant hurle et se roule par terre, refusant même d'essayer ce qu'il ne veut pas ! D'ailleurs, si vous achetez contre son désir, le lendemain matin à la maison il refusera de mettre le vêtement... Et les parents considéreront que savoir ce qu'on veut à trois ou quatre ans est certainement un signe d'intelligence et d'initiative personnelle et ils plieront devant le caprice de l'enfant.

Étrange société familiale où les adultes n'ont plus l'autorité ni le droit de décision en ce qui concerne les faits de la vie courante, et finissent par suivre les choix de leurs enfants tout en priant secrètement que la colonie de l'été arrive pour être débarrassés de ces petits tyrans domestiques... Certains rêvent déjà du temps où leur progéniture et ses désirs auront enfin débarrassé le plancher... Drôle de relation où ceux que nous avons faits pour être heureux avec nous nous empêchent tout simplement de vivre notre bonheur quotidien auquel ils ont substitué leur satisfaction immédiate !

N'ayant plus de principes familiaux communs à tous et ayant accepté la dangereuse définition de l'enfant comme une « personne », nous avons oublié que c'est une « petite » personne qui n'a ni la logique ni le raisonnement adaptés à la vie en général et que cette petite personne n'a de droits que ceux que lui accordent ses parents... C'est donc nous les adultes qui avons les pleins pouvoirs et tous les devoirs concernant la protection de sa vie et de sa santé. Notre enfant, lui, n'a qu'un devoir :

reconnaître la supériorité de ses parents. Et qu'un droit : rous-péter contre le fait qu'il n'est pas aussi grand qu'eux !

En tant que parents, nous avons enseigné à nos enfants que ses désirs pouvaient être sans limites et notre culpabilité aussi. Il n'a pas appris dans sa famille à respecter l'autre ni à lui obéir, car nous lui avons tout passé et nous avons tout supporté... Mais les autres ne sont peut-être pas prêts à souffrir du sans-gêne de nos propres enfants !

À travers notre manque de sanctions et notre faiblesse à leur égard, nos enfants apprennent que le sans-gêne et même le vol ne sont que des moyens pour avoir ce qu'on veut, sans considération de celui à qui la chose appartient.

En nous transformant en martyrs avec nos enfants, nous les avons transformés en tyrans égocentriques pour tous ceux qui les approcheront !

14

En France, un élève sur cinq
ne lit pas couramment à l'entrée en sixième.

Autrefois si on ne savait pas lire on ne passait pas dans la classe supérieure. Actuellement, pour éviter la honte à ces chers petits et ne pas surcharger les classes, on fait passer tout le monde dans la classe suivante et c'est ainsi qu'ils arrivent en sixième. Mais avec tous les problèmes qu'ont rencontrés les enfants de un à onze ans, il y a bien des chances que beaucoup d'entre eux (20 % d'après les statistiques) n'aient pas appris à manier les mots quotidiennement, correctement et dans l'échange avec leurs parents. L'apprentissage de la lecture et de l'écriture ne pouvait qu'être difficile.

Les causes de ce retard scolaire (car la débilité est fort rare sauf s'il y a handicap physique grave) sont presque toujours affectives. Elles tiennent aux conditions de vie des enfants dans leur milieu habituel. L'école n'étant qu'un reflet des blocages de la vie de cet enfant à la maison, le maître a bon dos de porter la responsabilité des malheurs de cet enfant de onze ans ! Et les parents ont bien de l'audace de parler de professeurs qui doivent être aussi éducateurs. Car le goût pour l'enseignement n'a rien à voir, ou très peu, avec le goût d'éduquer des êtres plus jeunes que soi à qui on va servir de modèle et de soutien permanent. Ceux qui sont éducateurs ne voudraient pour rien au monde devenir professeurs !

Mais ce sont les parents qui, voulant toujours des enfants qui réussissent sans y mettre le temps, aimeraient que d'autres soient chargés de les éduquer... Or la famille est le milieu éducateur par excellence, la première et la plus efficace des écoles. Quand on entre en maternelle, et encore plus à l'école primaire ou en sixième, on devrait déjà respecter les lois sociales et morales apprises à la maison avec les parents.

Pour apprendre à lire ou à écrire, il faut avoir l'habitude de parler. Or c'est ce qui manque à nos enfants : ils ne parlent pas suffisamment avec les parents car, rentrant du travail, ces derniers sont fatigués et n'ont pas le cœur à faire des discours ou à en écouter.

Les origines du retard scolaire viennent du comportement ou absent ou opposant de l'enfant à tout ce qui vient des adultes avec lesquels il n'a pas appris à communiquer. Il y a plusieurs formes de refus scolaire, et le maître a bien du mal à réparer les malheurs chez un enfant de onze ans qui a toujours vécu comme cela et qui compte bien continuer. C'est bien avant la sixième qu'il fallait s'en soucier.

C'est donc une fois de plus s'adresser aux parents qui sont les premiers éducateurs pour leur dire qu'ils doivent prendre le temps de parler de tout avec l'enfant, le temps de dessiner, le temps de raconter la réalité et tout ce qui s'est passé dans la journée ou de tout ce qu'on a appris à l'extérieur de la maison. Converser avec un enfant, c'est ne rien lui cacher et ne jamais le considérer comme trop jeune pour savoir car il devine depuis sa plus tendre enfance vos sentiments intérieurs de gaieté, de tristesse, de découragement, de violence... Et donc c'est aux parents de s'occuper de l'aptitude de l'enfant à développer avec des mots une réalité et des sentiments de tous les jours comme le font les parents entre eux.

L'enfant arrivant à l'école doit déchiffrer des mots qu'il reconnaît pour les avoir entendus dans la bouche de ses

parents. Encore faut-il qu'il les ait entendus ! Or lire sans comprendre, ce n'est pas lire !

On voit bien ici que les parents qui, superprotecteurs avec leurs enfants ou craignant de les blesser par une réalité cruelle (deuil, maladie, manque d'argent), ne leur disent pas les choses, ne les font pas avancer dans le langage non plus que dans la domination de cette réalité. Faire croire à un enfant autre chose que ce qui EST l'incite à déformer les faits et à ne pas tirer de conclusions ni réelles ni logiques, c'est-à-dire à ne rien comprendre.

On ouvrira une parenthèse spéciale pour certains enfants d'immigrés qui ne connaissent de la langue que les quelques mots élémentaires que les parents utilisent avec eux. Ils commencent bien l'apprentissage de la lecture mais se perdent très vite dès qu'il s'agit d'une phrase ou d'un mot un peu long qui leur fait oublier le sens du début alors qu'ils en sont à épeler la fin. Ces enfants-là devraient être repérés dès le CP et pris en cours complémentaire par une autre personne après l'école, afin de rattraper leur handicap dès le début. Faute de quoi, non seulement ils liront mal, mais ils parleront de façon incorrecte et seront pris comme objets de moquerie par les autres enfants qui naviguent à l'aise dans leur langue d'origine, n'hésitant pas à les traiter de «demeuré» ou d'«idiot», ce qui ne peut qu'aggraver chez ces enfants le dégoût et le refus de l'école.

L'idée de se montrer le plus fort se fera jour chez eux par pure vengeance. Ils ne seront pas les plus forts en thème... mais en sottises, désobéissances, supercheries, délinquance, etc. L'enfant jeune supporte difficilement d'avoir un handicap aux yeux des autres. Il bâtit tout seul un comportement grâce auquel il sait qu'il peut être gagnant sans l'aide du langage. Les immigrés ne sont pas les seuls à se comporter ainsi. Tous les enfants qui ont été instables dans les petites classes de maternelle n'ont pas davantage appris à lire mais à perturber la classe pour qu'on les remarque bien qu'ils ne soient pas les meilleurs en lecture!

Ceux qui ne savent pas lire ne sont pas des «idiots» mais des enfants perturbateurs parce qu'ils étaient eux-mêmes déjà perturbés quand ils étaient en maternelle alors qu'ils vivaient encore beaucoup sous l'influence parentale (l'enfant ne se détache vraiment des parents qu'à l'âge de six ans). Or, à notre époque, le grand élément perturbateur des familles est le divorce qui secoue la tranquillité et la confiance de l'enfant envers les adultes bien avant qu'il ne soit décidé et bien après qu'il a été réglé.

Concluons qu'un enfant sur trois n'est pas dans des conditions psychiques adaptées à un nouvel apprentissage. Il est trop occupé à comprendre qui a raison de papa ou de maman et si lui, l'enfant, est responsable dans cette affaire et s'il peut avoir une influence sur eux pour les empêcher de se séparer ou même de se tuer (car dans l'imaginaire de l'enfant les cris des parents sont souvent symboles de désir de tuer). Vous voyez que, devant une telle éventualité, l'enfant se sent concerné et ne cesse d'être inquiet à l'école comme ailleurs de ce que font ou disent les parents en son absence. Il sera également concerné pendant des années par le fait qu'un de ses parents vit sans lui et lui prouve chaque dimanche combien cela est dur à vivre...

Peu d'enfants peuvent traverser de telles angoisses sans que le travail à l'école s'en ressente. Si on voit un enfant plonger brutalement dans l'agressivité ou la rêverie, le maître ou la maîtresse doivent tout de suite penser à ce qui se passe à la maison... Et si l'enfant est trop atteint dans son narcissisme par une situation familiale, l'enseignant doit avertir les parents et leur conseiller de voir un thérapeute qui aura pour fonction de permettre à l'enfant d'exprimer toutes ses peurs familiales et toute la culpabilité qu'il accumule en venant à l'école, alors qu'il ne souhaite que rester chez lui pour voir ce qu'il se passe. Il est nécessaire que quelqu'un l'aide à comprendre que ses parents ont un conflit qui n'a rien à voir avec lui et qu'il peut continuer sa route. Comment vivra-t-il toute sa vie s'il n'arrive pas à accepter les difficultés de cette première vie en famille ou s'il prétend les nier ?

Ce qui peut également faire chavirer un enfant vers la régression et le refus scolaire : la présence d'un nouveau bébé à la maison, qui lui a pris sa place et auquel il ne souhaite rien de bon ! Cette jalousie peut accompagner toute sa scolarité, le faisant tomber dans **des symptômes de dyslexie et dysorthographie** qui ne seront repérés souvent qu'à l'entrée en sixième. L'enfant est supposé dominer l'expression écrite, mais on s'aperçoit que certains font de curieuses inversions qui gênent le sens et que d'autres n'accordent pas les verbes et les personnes, signifiant par là qu'ils refusent de distinguer entre singulier et pluriel puisque le pluriel leur a coûté leur place d'enfant unique !

15

*Se faire virer de l'école et se retrouver
à quatorze ans à traîner dans la rue.*

Hélas! ces enfants qui ne se sentent pas bien sur les bancs de l'école sont mal ressentis par la classe qu'ils perturbent parfois de façon aléatoire, parfois de façon continue, ce que le maître ne peut supporter vis-à-vis des autres enfants qu'il tient à enseigner... On comprend l'un et l'autre, mais parfois le conflit est sans issue et l'enfant perturbateur ne veut pas changer de comportement, car s'il n'était pas l'« emmerdeur », qui serait-il ? Et le maître va décider selon l'intérêt du plus grand nombre et prononcer après plusieurs mises à la porte du cours une éviction scolaire de quelques jours.

Évidemment que l'enfant part en faux triomphateur ; il a ce qu'il voulait : plus d'école, mais il a ce qu'il ne voulait pas : plus de copains pour faire le pitre... et dès le premier matin, ses parents étant partis au travail, il va après avoir flemmardé devant la télé avoir le besoin de bouger et de se balader, où ? Il le sait parce que déjà il avait l'habitude de la rue et là, il retrouve tous les éjectés de l'école de tous âges et tous les refoulés du baccalauréat qui cherchent quelque chose à faire à la fois de marrant, d'agressif envers les adultes (qui ne les ont pas supportés) et de payant, car ils sont libres et ils voudraient bien acheter ceci ou cela... Une mob pour élargir leur univers (pas de problème, ils la voleront), et puis peut-être des Nike pour être comme tous les autres et enfin du shit pour passer le temps et tuer cette

115

éternelle inquiétude de ne pas être là où il faudrait et de ne pas faire ce qu'il faut.

Mais souvenons-nous que cet adolescent a été mis en dehors du système scolaire justement pour cela : il ne restait pas à sa place car il ne se sentait pas comme les autres, il avait besoin de jouer les rebelles quitte à prendre des risques... Dans chaque classe il y a deux ou trois enfants de ce type dont le maître ne sait que faire, car aucune autre structure n'est là pour les accueillir, mais les garder parmi les autres, c'est perturber le cours des études de ces derniers...

Pourquoi n'avons-nous pas de structure pour ceux-là qui ne supportent pas le collège? Parce que l'on pense qu'ils ne supporteront aucune forme d'ordre ou d'autorité et, s'il y avait une structure d'établie, ce serait un collège bien spécial où on apprendrait à des enfants, qui ne veulent rien apprendre mais tout avoir, qu'il faut commencer par écouter le maître et être honnête avec les élèves... Alors, c'est une affaire de spécialistes de l'éducation et cela coûterait très cher à l'État : somme toute, on se dit que ces enfants ont choisi de ne rien faire et d'attraper la vie au vol et que ce n'est pas la peine de mettre des fortunes pour les faire changer d'idée.

Ils ne sont pas comme les handicapés dont tout le monde voit le malheur, **les enfants perturbateurs ne font pitié à personne, leur blessure est plus secrète, mais leur dissemblance vient d'aussi loin :** du début de leur vie, qui a été traumatisée par des dissensions entre les parents ou des séparations dans la famille ou par la fameuse ségrégation selon la couleur de la peau.

Ils sont en colère dès l'âge de trois ans du fait qu'on ne les aime pas comme les autres et qu'ils ont trop de liberté et pas assez d'amour. Ils cherchent une reconnaissance par la différence au lieu de chercher une reconnaissance par la réussite au milieu des autres... et cela va les mener fort loin.

En tout cas, les voilà dans la rue, pensant que c'est très amusant de ne pas travailler pendant que les autres sont enfermés dans la classe et qu'ils vont bien se venger de toutes ces heures perdues à ne rien faire et à se balancer sur leur chaise, mais il y a au fond d'eux une petite voix qui dit qu'il ne faudrait pas que cela dure trop longtemps! Malheureusement on ne peut pas se transformer en un jour et c'est toujours les mêmes qu'on retrouve dans les couloirs de l'école, puis du collège, puis dans la rue.

Ils vivent à partir de quatorze ans une vie bien particulière faite de rapine, de blagues de mauvais goût, de provocations, enfin de tout ce qui prouve que l'agressivité et la force viennent à bout de toutes les difficultés. Ils font peur aux adultes et aux vieillards, c'est-à-dire qu'ils ont retourné toutes les lois sociales et ne connaissent que la Loi du plus fort, on a peur dans les banlieues et on a raison d'avoir peur… Comment faire disparaître cette cohabitation entre ceux qui sont trop forts et sans moralité et ceux qui sont trop faibles et cherchent une protection légale?

S'il y avait une solution rapide pour régler le problème de l'emploi de ces jeunes, cela se saurait et cela se ferait, mais tous les efforts psychosociaux échouent devant ces enfants qui vivent à l'envers des autres, trop jeunes pour être incarcérés et trop vieux pour être éduqués.

Seuls leurs parents (aujourd'hui dépassés) auraient pu leur inculquer le sens du respect et de la Loi avant l'âge de cinq ans, mais les parents ne savent pas que lorsqu'un couple se dispute devant un enfant, l'enfant est lui aussi pris dans la violence de ses parents et qu'il ne souhaite qu'une chose au fond de lui : tuer le parent le plus violent ou celui qu'il aime le moins (le parent avec qui il ne fait pas d'œdipe) pour tuer la violence elle-même.

117

Et ces parents qui dénigrent la société dans laquelle ils se trouvent et qui ne les nourrit pas ne pensent pas que leur enfant aura plus tendance à démolir l'ordre existant qu'à y participer... Ils oublient que les enfants enregistrent tout ce qu'ils entendent et que si leurs parents sont désespérés, les enfants ne pourront pas être joyeux et pleins d'entrain.

La loi de l'inconscient est telle qu'en voyant un enfant le psychanalyste peut deviner d'où il sort, mais ne peut peut-être pas le réparer de ce qu'il a souffert ni l'opérer de ce qu'il a mis au milieu de lui-même.

L'enfant-roi souffre de la faiblesse de son Moi que les parents ont toujours protégé des difficultés de la vie, et l'enfant dictateur se sert de la violence de son Moi pour agresser tout le monde, et plus personne n'a de Surmoi, c'est-à-dire de Loi morale commune à tous nous permettant de vivre en société avec nos différences.

Voilà où nous nous trouvons après des années de matérialisme et de capitalisme outranciers, on dirait que revient le Moyen Âge avec ses bassesses venant des faibles et ses cruautés venant des plus forts. Qu'est-ce qu'une République? Qu'est-ce qu'un État? Qu'est-ce qu'une nation sans autre religion que celle du bien-être?

Telles sont les questions qui se posent et telles sont les réponses immédiates des adolescents et, plus en amont, celles souvent inquiètes de leurs parents. Les psychanalystes sont prêts à expliquer le fonctionnement secret de l'être, mais y a-t-il quelqu'un pour les écouter? On croit toujours qu'ils sont là pour réparer, mais eux commencent à se dire qu'il vaut mieux prévenir que guérir!

Peut-être faut-il commencer une vulgarisation adaptée du savoir de Freud et peut-être que connaissant les étapes délicates à passer avec l'enfant les parents ne feraient plus comme si l'inconscient ça n'existait pas!

16

Attention, il devient adolescent...
Si ça doit être pire que l'enfance, on va craquer!

La violence fondamentale de l'individu le fait réagir dès qu'il rencontre une impossibilité à être ou à avoir ce qu'il désire. Cela se produit dès l'enfance et dure toute la vie, à moins d'être dépressif et d'avoir inversé le mouvement de la libido (force de vie) en le transformant en désespoir de vivre. Comment l'adolescence, moment charnière entre le statut d'enfant à abandonner et la place d'adulte à conquérir, ne serait-elle pas le carrefour de toutes les violences ?

Cette période, caractérisée et déclenchée par la puberté, donne au corps de l'enfant un nouveau statut : celui d'adulte. Cela l'oblige à redéfinir sa place au sein de sa famille, alors qu'apparemment rien n'a changé pour personne... et que ses parents ne le voient pas grandir.

Autrefois, le « jeune » pouvait, au sein de sa famille, contester les valeurs adultes. Aujourd'hui, les parents eux-mêmes, déroutés par une évolution familiale et sociale qui leur échappe, sont les premiers à vilipender le système, ce qui désamorce la contestation de l'adolescent.

Le jeune va donc rester un « mutant » pendant de longues années, avant de pouvoir occuper une place d'adulte dans le monde du travail – si toutefois il fait partie des heureux qui trouvent rapidement un premier emploi. Sinon, il va rester interminablement chez ses parents bien au-delà de la puberté. Les adolescents forment une véritable classe d'âge : les treize-vingt-cinq ans qui vivent chez leurs parents en s'opposant à leur pouvoir et en refusant de s'identifier à eux pendant des années, ce qui paraît interminable aux parents! Se voir toujours contesté par ceux qu'on a tant aimés et tant gâtés paraît injuste et difficile...

La contestation adolescente est nécessaire à l'être humain pour se détacher de la fixation à ses parents et accéder à la liberté intérieure de l'âge adulte. Mais cette contestation est-elle possible dans la famille d'aujourd'hui, avec des parents qui ont cédé à tous ses caprices parce qu'ils ne supportaient pas l'opposition? Que vont-ils faire avec leur adolescent? La transgression s'avère nécessaire à l'adolescence car elle permet au jeune de progresser et de rompre avec les images parentales qui ont accompagné l'enfance, mais la transgression est-elle possible? Les parents sont-ils de taille à la supporter?

Il y a encore quarante ans, on concevait des enfants parce qu'on voulait fonder une famille, ce qui, pour la plupart des gens, semblait aller de soi. Le divorce n'était pas banalisé comme aujourd'hui, la contraception n'était pas inventée et l'éviction des pères (aussi bien à la conception qu'au moment du divorce) n'était même pas envisagée.

Le sens de la famille a progressivement changé à partir de 1968. De construction familiale et sociale, elle est devenue, avec la libéralisation de l'amour et de la contraception, le lieu de la réalisation de tous les désirs. Les adultes se sont mis à investir leurs enfants d'une magnifique et trop lourde charge : être heureux pour que les parents soient comblés. **Les parents ont gâté les enfants, les ont couverts de cadeaux afin de les voir «rire», ce qui n'est pas le but premier de l'éducation,** mais qui l'est devenu. La seule vue de l'émerveillement de l'enfant remplaçait pour eux le bonheur qu'ils n'avaient pas connu entre 1940 et 1960. On se mit à consommer du bonheur d'enfants, à faire des enfants pour les voir heureux, et pour cela on leur a tout donné. On leur a même donné ce qu'ils n'avaient pas eu le temps de demander mais on ne savait pas que prévenir le désir, c'est le tuer…

Agissant ainsi, nous avons tué le désir de nos enfants qui ne veulent plus rien, ne jouent plus à rien et n'ont aucun plan concernant leur avenir dans un monde qu'ils trouvent irréel et difficile à pénétrer mais dont ils croient être les maîtres au travers de l'écran d'une télévision ou d'un ordinateur avec son clavier.

En 1968, les adolescents se mirent à écrire sur les murs de nos villes l'horreur qu'ils avaient de la violence et de la souffrance : « Faites l'amour, pas la guerre. » Mais ce n'était pas fini puisque trente ans après, ils écrivent sur les murs du lycée : « Respectez-nous et on vous respectera. » Ils demandent donc un monde à l'envers où ils auraient soumis les adultes. Ce faisant, ils prouvent qu'ils veulent prendre le pouvoir sur leurs parents… À partir de 1968, la famille se mit à changer et à devenir une structure souple où chacun pouvait aimer ou ne plus aimer et partir. Le divorce s'accéléra et la famille devint souvent « matriarcale » et « monoparentale » ; dans 85 % des cas aujourd'hui, le seul parent présent dans la famille est une femme.

« Cela veut dire que l'enfant n'a qu'un seul lien d'attachement possible et qu'un seul modèle identificatoire à disposition : la mère. Ceci est renforcé par le fait que cette mère remplissant tous les rôles s'imagine être le tout de cet enfant[1]. »

Dans une famille monoparentale, le désir de la mère est que son enfant la « préfère » au père rejeté. Il s'agit donc pour l'enfant, au cours de son identification, de ne jamais opter pour celui qui a été « jugé indigne » de l'élever… **Dans une famille où règne la mère, l'adolescence est difficile car il manque le père, sujet d'identification pour le fils et fixation œdipienne pour la fille.** Tout le monde est très gentil, très compréhensif, très tendre, mais

---

1. C. Olivier, *Les Fils d'Oreste*, Flammarion, coll. « Champs », 1994, p. 173.

chacun cache sa souffrance ou son impossibilité à dire ce qu'il ressent vraiment! Habitué chez lui à ce qu'on plie devant ses désirs, l'adolescent et même l'enfant de sept ou huit ans admet mal l'autorité extérieure des maîtres et se montre un élève opposant et difficile. Il pose problème à la mère qui ne comprend pas ce qui se passe. **Qu'elle soit ou physique ou psychique, l'absence du père constitue pour l'enfant une modification importante de son rapport à l'autorité. Cela pèsera lourd au moment de l'adolescence.**

Nous savons tous que les bandes de jeunes qui opèrent dans les banlieues sont constituées en grande majorité de garçons issus de familles perturbées avant d'être éclatées et enfin réduites à la monoparentalité.

Les ruptures affectives de la première enfance sont susceptibles d'entraîner retard intellectuel et blocage affectif comme nous l'avons vu au chapitre de l'école. Ces dissociations peuvent aussi faire dériver l'enfant vers un univers sans lois et le transformer dès l'âge de quatre ans en un être asocial, agressif, qui glissera tout naturellement vers la délinquance dès le début de l'adolescence.

D'après toutes les enquêtes effectuées par l'Insee ou le ministère de la Justice, tant en France qu'à l'étranger, les chiffres sont éloquents : en France, 50 % des toxicomanes (chiffres de l'Inserm) appartiennent à des familles éclatées (44 % en Italie). Au Canada, 61 % des délinquants sont issus de familles désunies alors que 19 % des enfants présentant ces troubles viennent de familles unies.

La plupart des parents rechignent à sévir quand il faut et en matière d'éducation, comme on le dit dans maints éditoriaux, « tout fout le camp ». Personne ne veut prendre le risque de ne pas être aimé de celui qu'on a tellement voulu...

L'enfant désiré n'est plus comme autrefois prisonnier du hasard mais du désir qu'on a de le voir heureux. L'élever est supposé ne plus être une charge mais un plaisir. **L'enfant d'aujourd'hui est prisonnier de l'amour qu'on lui voue et qu'on lui demande en**

retour. Cela rend l'opposition et la critique propres à l'adolescence déplacées et hors de propos, auprès des parents qui n'ont jamais voulu de conflit avec l'enfant et : «Tu verras toi-même quand tu auras des enfants…», répondent-ils tristement à l'ado en rage.

Mais qui va servir de modèle et de punching-ball à cet adolescent? Les enseignants? Ils se trouvent bien souvent mis en position d'éducateurs, alors qu'ils pensaient avoir choisi le métier de professeur. Ils ont à régler des problèmes d'autorité, de droit, de morale qui les dépassent, et qui ne les concernent pas…

Sans y prendre vraiment garde, nous avons laissé saper les références familiales nécessaires à l'établissement de l'identité de l'enfant, en remettant en cause, continuellement et publiquement, via les médias et surtout la télé, la place et l'autorité des parents. Ils ont lâché leur rôle d'adultes éduquants pour passer à celui de parents copains et compréhensifs. Il n'y a plus de repère dans la famille et souvent plus de père! Il reste la plupart du temps une mère aimante et compatissante qui craint de heurter des enfants déjà bousculés par la vie de leurs parents.

Avec, depuis des années, des campagnes de publicité autour des droits des enfants et des devoirs des parents, dans certaines familles les places se sont inversées : le droit passant du côté de l'enfant qui régente tout, à coups de chantage, et les parents se décrivant souvent eux-mêmes comme dépassés par un mouvement sociologique inévitable, où ils ne veulent pas faire figure de parents rétro.

Les médias, terrorisés par l'explication freudienne de la névrose dont la formation incomberait à l'inconscient parental, ont voulu faire disparaître l'inconscient des parents lui-même, et l'idée s'est forgée que les enfants seraient nécessairement innocents, bons (serait-on revenu aux idées de Rousseau en passant par Dolto?), alors que les parents seraient naturellement sadiques, autoritaires et trop sévères avec cet enfant. Il ne restait plus qu'à enlever, « d'autorité » cette fois-ci, la sanction au cours de l'éducation et en ce moment je ne passe pas de semaine où une journaliste ne me demande d'établir la différence entre sanction, punition et d'expliquer la fameuse « fessée » qui est devenue le cheval de bataille de tous les non-violents.

Aujourd'hui on aurait tendance à nous faire prendre pour multitude ce qui n'est que minorité. La majorité des enfants de France ne sont pas maltraités mais parfois même pas touchés, ni repris ni éduqués, hélas !

Souvenons-nous que l'identité de l'individu ne s'établit que face et grâce à un autre individu et à travers un conflit né de deux désirs différents qui mènent à une conciliation : celle des parents et de l'enfant à l'âge de deux ans. Ce conflit des désirs se rallume à l'adolescence et il se crée, à cette occasion, un lien à travers une ambivalence mesurée et définitive, chacun reconnaissant sa différence d'avec l'autre peut alors l'aimer et le choisir plus ou moins comme sujet identificatoire. Mais la proportion entre ce qu'on va rejeter chez les parents et ce que l'on veut conserver est longue, très longue, à établir parce que les parents refusent de discuter avec l'enfant de l'objet de sa contestation. L'enfant est devenu adulte quand il a renoncé à la symbiose avec l'Autre, et du même coup renoncé à le critiquer pour sa différence d'avec lui, l'ado...

Au moment de l'adolescence l'enfant a besoin, comme le bébé, que la permanence de l'amour lui soit assurée même si c'est pour le mettre en doute et il a aussi besoin que les interdictions propres à son âge lui soient formulées même si c'est pour les contourner.

Les droits et permissions qu'on accorde à un enfant de deux ou de quatorze ans ne sont pas les mêmes, mais il y a toujours pour les parents le devoir de fixer des limites à leurs enfants, sous peine de les voir aller les chercher ailleurs et porter la querelle de pouvoir dans des lieux beaucoup plus dangereux que la famille.

17

*Ces bandes de jeunes
qui nous font peur dans le quartier.*

L'agressivité naturelle contre l'autorité qui se fait jour à l'adolescence se voit dans bien des familles, refoulée ou tenue au silence surtout là où il n'y a pas de père aux côtés de la mère : quand elle est seule, ses enfants n'ont pas d'autre support d'identification. Si le statut des filles ne s'en trouve que peu modifié, puisque de toute façon et dans n'importe quelle famille l'éducation des filles repose sur la mère, il n'en va pas de même pour le garçon, qui doit devenir un homme, c'est-à-dire pas comme la mère, puisqu'elle est une femme, ni comme le père, puisqu'il a été écarté comme homme non valable.

L'amour œdipien de la mère qui, en temps normal, gêne l'adolescent se révèle ici encore plus encombrant et peut donner lieu à une brutale volte-face vis-à-vis de celle qui interdit d'être comme le père. Ce qui est difficile entre mère et fils lorsque le père est dans la famille devient ici impossible. L'identification au père cède la place à la contre-identification à la mère : pour être un homme, il suffit de ne pas être une femme. Étrange conclusion qui délimitera de façon définitive et négative le rapport de beaucoup d'hommes à la femme justifiant que le psychanalyste américain Stoller écrive : « Le premier devoir pour un homme est : ne pas être une femme [1]. » Et qui permettra de comprendre la cruelle phrase du romancier américain

1. R. Stoller, *Masculin ou féminin ?*, PUF, 1989, p. 311.

Philip Roth : « Dire non à sa mère pour pouvoir dire non aux autres femmes [1]. » Alors le viol et les violences faites aux filles ne seraient-ils pas une manière d'agresser la mère interdite remplacée ici par une bonne copine ?

La plupart des enfants de ces familles désunies tenteront d'éviter l'affrontement avec la mère en faisant éclater leur rage à l'extérieur, dans un tout autre lieu et vis-à-vis d'autres gens ou d'autres femmes : **ils abandonnent la famille pour le groupe...**

À ce moment décisif de rupture avec les parents l'amour se retourne en haine contre le milieu familial et l'ambivalence amour-haine est à son maximum. L'adolescent éprouve le besoin d'une relation d'estime positive avec quelqu'un qui ne soit pas un adulte comme ses parents. Il va trouver un bien-être et un mécanisme de défense tout à fait autorisé socialement, dans l'amitié avec des adolescents de son âge en quête de la même chose que lui. Il va nouer des relations au-dehors qui seront soigneusement tenues secrètes pour les parents. Du coup, ceux-ci peuvent très bien ignorer avec qui vivent leurs enfants et ne rien savoir des dangers où ils sont parfois entraînés.

On reproche souvent aux parents de délinquants ou de drogués de ne pas avoir l'œil sur les relations de leurs enfants. Mais comment le pourraient-ils alors que les enfants font tout pour les tenir à l'écart de leur vie intime en coupant brutalement le lien œdipien qui les reliait à eux, pour s'attacher au groupe qui les rassure et va leur permettre de « muer » hors de la famille qui ne l'admet pas ?

Le groupe, c'est la deuxième famille de l'adolescent. Il en a fondamentalement besoin, il s'en sert pour arriver à faire à plusieurs ce qu'il n'arrive pas à faire tout seul : « trouver son identité personnelle » et avoir le courage de l'imposer aux autres.

1. Philip Roth, *Les Faits*, Gallimard, 1990, p. 30.

Le jeune adopte dans le groupe une forme de conduite grâce à laquelle il s'affirme vis-à-vis de l'extérieur comme faisant partie du groupe.

Hélas! le groupe impose parfois des conduites totalement pathologiques, ayant à voir avec la délinquance, la criminalité, la drogue ou l'appartenance à une secte. Et l'adolescent qui est en pleine provocation familiale et sociale est bien mal prémuni, lui, contre ce genre de subversion. Certains vont plonger pour plusieurs années dans des comportements délinquants qui ne leur apportent d'autre satisfaction que celle d'être reconnus et tenus pour les égaux de leurs copains.

Mais la force attractive d'une identité de groupe qui prend le relais du groupe familial tout en s'en différenciant est irrésistible à l'adolescence. Tout le monde se souvient avec un sourire de la première mode vestimentaire propre à l'adolescence égalitaire entre filles et garçons, la mode « baba cool » qui signalait un refus du conformisme parental et une façon de vivre pacifique. Nul ne trouvait vraiment à redire aux jeans déchirés, effrangés ou coupés aux genoux, ni aux cheveux longs et peu soignés des filles et des garçons des années soixante-dix, car ils ne portaient atteinte à personne mais voulaient simplement signifier qu'ils ne faisaient pas partie du monde sérieux des adultes.

Devant l'impossibilité de dépenser sa force vitale en la retournant contre ses parents comme le suppose l'économie libidinale de l'adolescent, celui-ci retourne cette force vers l'extérieur et, ce faisant, devient parfois asocial, délinquant; ou s'il retourne sa négativité contre lui-même, il tombe dans la dépression (retournement de la pulsion sur soi-même). L'adolescent est par définition contestataire et porteur d'une rébellion contre tout ce qui EST, y compris lui-même dans certains cas.

Dans les générations précédentes, le conflit identificatoire de l'adolescent débouchait généralement sur un choix de vie se rapprochant plus ou moins de celui des parents, eux-mêmes représentant ce qu'il fallait être, alors qu'aujourd'hui ils ont trop souvent tendance à représenter ce qu'il ne faut plus être.

On pouvait demander à un adolescent : «Qu'est-ce que tu veux faire plus tard?» Aujourd'hui, l'éternelle réponse d'un jeune entre treize et dix-huit ans est : «Je ne sais pas!» Ce qui révèle que le conflit identitaire ne débouche sur aucune solution, parce que l'avenir d'un jeune aujourd'hui ne se dessine qu'en noir : chômage, divorce, racisme (pour certains) et difficultés d'insertion pour tous. Est-ce là un futur motivant, est-ce là un moteur pour traverser la vie?

L'adolescent, pris entre la rage et la pitié envers ses parents (déshérités, isolés, immigrés), ne trouve qu'une solution : claquer la porte! Mais de l'autre côté de la porte, il y a la rue avec tous ceux qui, pour une raison ou pour une autre, en ont fait leur domicile habituel, le lieu de leurs actes antisociaux ou cruels, expression et suite de leur rage infantile.

La «rage» est à la racine de la violence destructrice, elle en est le ferment. La rage est une sorte de seconde nature issue du Ça primitif, habitant les jeunes qui se trouvent bloqués dans le développement normal de leur Moi, et régressent vers la partie la plus archaïque d'eux-mêmes. La rage peut donc exploser à tout instant et, quel qu'en soit le prétexte, elle recouvre la haine de soi et des autres... Et ils en trouvent l'expression réelle dans les films d'horreur des cinémas du quartier, leurs chères salles multiplex, où le choix est faussement varié : la violence est conjuguée sous toutes ses formes dans toutes les fictions.

J'ai assisté il y a quelques jours à une scène typique à propos du film *Sex-academy* que je pensais être interdit aux moins de seize ans où j'ai eu la surprise de voir se faufiler dans la salle un grand nombre de pré-ados de treize à quinze ans.

C'était un film peu pornographique mais très sexiste et

sociologiquement violent : à la sortie ces jeunes en petits groupes jouaient à « on parie ? »… « j'te parie cent balles ? », car le film avait démarré sur un pari du héros. **Ils étaient déjà dans un mouvement d'identification à l'Autre. Comment alors en extraire la violence ?**

La rage s'incarne souvent contre un adversaire qui représente la violence et l'arbitraire : la police est alors un bouc émissaire tout trouvé pour les jeunes désœuvrés des cités, errant dans les rues à la recherche de quelque chose à faire.

Contrairement à certains clichés médiatiques, les banlieues françaises ne sont pas envahies par les gangs de jeunes, et nous sommes encore très loin de la situation américaine. La délinquance, le vol, les petits trafics illégaux sont vécus comme moyens de se procurer ce qui est nécessaire à la vie : un jeune a besoin d'un vélo, d'un blouson, d'une paire de baskets, d'un peu d'argent. S'il ne les a pas, il les vole… Il s'agit, pour les adolescents, d'une stratégie d'intégration illégale puisque les chemins de l'intégration légale sont fermés.

Ces gangs d'adolescents ne cessent d'agir, d'agresser et de s'attaquer à des objets inadaptés ou à des personnes totalement étrangères à la dérive sociale actuelle et qui vont en payer les pots cassés : petits commerçants, postiers, retraités, conducteurs d'autobus ou même autres jeunes… nul n'est à l'abri de ceux qui pensent qu'avoir de quoi vivre et participer à la consommation, alors qu'ils sont exclus, mérite l'agression.

Il y a des terminus d'autobus où personne ne descend plus ! Il y a des escaliers d'immeubles qu'on craint d'emprunter à toute heure du jour ! Et des rues où dès la tombée du jour on n'ose plus passer…

18

Premières fumettes et premiers baisers.

La drogue a toujours l'air d'arriver par un malheureux hasard ou à la suite de mauvaises fréquentations, mais elle ne trouve preneur que sur un être déjà en difficulté. Il suffit alors d'une soirée chez des copains, ou d'une proposition à la sortie du lycée ou d'un feu de joie un soir en vacances... Et l'habitude de se détendre pour avoir un meilleur contact avec les autres se prend !

Chez certains adolescents l'expérience du joint se limitera à un seul soir, dans un cadre convivial. L'adolescent le fera plus par politesse que par besoin et n'en tirera pas grand effet, trouvant que le résultat est «nul». Cela prouve qu'il n'a pas de problème à résoudre ni d'angoisse existentielle préalable et qu'il n'éprouve pas le besoin de recourir à ce système-là pour vivre mieux.

Pris en groupe, le haschisch fait monter l'ambiance. La moindre plaisanterie tourne au fou rire général tant on trouve de l'humour en soi quel que soit celui des autres. Levant les inhibitions, le cannabis agit sur le degré d'excitation et de communication entre les êtres. Il est semblable en cela à l'alcool. D'ailleurs, le joint est souvent associé à la boisson, bière ou whisky, à laquelle il est même souvent préféré car il ne provoque pas de surcharge digestive avec des lendemains peu glorieux.

Comme l'écrit Lucio Mad, poète et romancier, dans *Paradis B.* [1] : «Le cannabis ce n'est pas de l'alcool, pas de maux

---

1. Lucio Mad. *Paradis B.*, Gallimard, coll. «La Noire», 1998.

de tête vertigineux, ni d'aigreurs d'estomac, de bouche pâteuse, d'haleine fétide, de renvois bilieux... Non, mais du rose dans les nuages, un arc-en-ciel permanent dans ma vie, une lucidité sans la moindre censure, et des nuits lourdes et profondes. »

L'imagination est stimulée et le monde et les autres sont transformés. Tout devient cool, léger, agréable et drôle, tous les fumeurs de hasch vous le diront : ils recherchent une modification de leur état de conscience et d'empathie avec les autres.

Dans le monde adolescent, le cannabis jouit d'une meilleure connotation culturelle que l'alcool, parce qu'il tend à renforcer temporairement le lien social, ce que ne fait pas toujours l'alcool. Et jusqu'à récemment on croyait que le cannabis n'altérait pas la vigilance ni les réflexes et qu'on pouvait rentrer chez soi l'air de rien (en fait, le cannabis altère les réflexes).

Le cannabis a donc une fonction très proche des anxiolytiques qui minimisent l'angoisse. Mais il possède en plus la faculté d'améliorer les relations difficiles avec les autres. Pas étonnant que les adolescents maladroits dans leur corps, en pleine mue, aient plaisir à s'appuyer sur cette drogue pour leurs soirées entre copains et pourquoi pas leur première expérience inaugurale avec une fille ? Les habitués du joint festif ne sont pas des cascadeurs dangereux mais plutôt des inhibés anxieux cherchant à avoir l'air comme tout le monde, surtout auprès des filles !

Il y a évidemment comme avec l'alcoolisme les adeptes des paradis artificiels : des enfants plus blessés, plus renfermés, qui ne partagent pas leurs émerveillements avec les autres. Ils vont fumer seuls dans leur chambre, assurés que tout le monde s'est endormi et ils vivront seuls une expérience d'extralucides, entendant et voyant des choses d'une infinie et inhabituelle précision et se berçant de fantasmes tout à fait hors de leur quotidien.

Il y a le fumeur quotidien qui fume de petites doses régulières pour éliminer son angoisse qui l'empêche de vivre en bonne intelligence avec sa famille. Souvent l'usage de la drogue durera des années sans que les parents s'en doutent...

Et puis il y a les « défoncés de la drogue ». Affolés et déroutés dès que cette aide leur manque, ils se mettent à flipper et à penser à n'importe quoi pour en avoir. Mais ce genre de manque est assez rare avec le cannabis et se rencontre plutôt chez les intoxiqués de drogues plus dures.

Les parents sentent confusément quelque chose d'indéfinissable qui change entre leur fils (fille) et eux. Il n'y a plus d'accrochages véritables, mais parfois de petites phrases acides et puis de nouveau le calme de la neutralité. L'adolescent est en train de renoncer à sa rage contre les parents puisqu'il a trouvé quelque chose d'autrement plus facile à vivre. À force de chercher ou de s'interroger, les parents finissent par découvrir des traces inhabituelles dans sa chambre. Leur réaction n'est pas immédiate car ils ne sont pas sûrs de leur découverte, mais ils ont détecté :

– une drôle d'odeur pénétrante régnant dans l'escalier qui monte aux chambres ;

– des morceaux de papier d'aluminium (servant à emballer la « barrette » de haschich) qui traînent sous le lit ;

– qu'alors que la plupart des fumeurs, dont peut-être les parents, fument des cigarettes en paquets commercialisés, depuis quelque temps Cédric a pris l'habitude de les rouler sous prétexte que la consommation est moindre ;

– que son compte en banque est régulièrement à plat et qu'il s'invente des achats fictifs dont on ne voit jamais le premier pour s'autoriser à demander une rallonge de quelques euros jusqu'à la fin du mois.

Le contact avec l'enfant se distancie ou plutôt s'appauvrit car il n'est plus jamais question de points essentiels, ni de contestation ni de disputes, comme si l'adolescent se défaisait de tout ce qui l'a embarrassé si longtemps avec ses parents : en somme, il n'est plus le même et la voisine est venue leur dire ses soupçons... Bien pire est pour les parents le fait que le chef d'établissement les convoque à son bureau pour leur signaler que leur enfant est « entré » dans une mauvaise bande de la classe d'au-dessus.

La plupart du temps, informés du risque de proposition de « joints » dès l'entrée au collège, les parents adoptent une attitude de surveillance inhabituelle. Quelquefois, cela les amène à prendre position vis-à-vis du comportement de leur enfant, avec une explication au cours de laquelle, désemparé, celui-ci finit par avouer... Cela le libère et permet aux parents de créer une ouverture sur les difficultés qu'il a ressentis et de changer d'attitude en se souvenant qu'eux aussi ont étés ados et pas très au clair avec leur narcissisme.

C'est bien du fait de ces difficultés de communication avec les parents que l'adolescent se « drogue ». Il recherche parfois à travers la « fumette » une sorte de communication affective avec les autres. Il peut attendre les soirs de fête comme des soirs d'oubli où le joint et son euphorie rapide contribuent à un rapprochement affectif et festif inhabituel comme on le fait avec le champagne.

Si c'est le cas, que les parents ne s'inquiètent pas trop de cette nouvelle habitude de fumer qui dure parfois toute l'adolescence, aidant l'enfant à brider une agressivité que ses parents ne supportaient pas. Ses résultats scolaires baissent un peu, c'est vrai, mais dans l'ensemble il ne plongera pas dans la drogue dure si vous lui faites comprendre que vous admettez relativement une petite fumette raisonnable. S'il peut conserver son habitude dans la famille sans encourir trop de blâmes, dès qu'il aura pris une responsabilité ou décroché un travail qui le fait vivre, il partira de chez vous et gardera son joint pour le dimanche...

Ce n'est pas le cas de celui qui a rencontré la drogue dans la rue au cours de ses errances du soir après 17 heures, alors que les parents ne sont pas encore rentrés, et qui a accepté de « tirer » un joint pour faire partie de la bande du quartier... Celui-là est déjà davantage en danger car il est seul et en souffre. **Le clan, c'est pour lui une question, non pas de défoulement, mais de reconnaissance et donc d'identité. Le risque de la fixation est plus précis**, car pour garder sa place dans la bande l'ado sera prêt à mettre le prix ou à payer de sa personne ou à vendre sa sœur ou à organiser le viol de son petit frère de huit ans qu'il convaincra de ne rien dire...

On a déjà trouvé plusieurs fois dans les sous-sols des immeubles, y compris dans les beaux quartiers, des jeunes ados assistant à la prostitution de leur petite amie ou de leur propre sœur sur le capot d'une voiture sous les yeux des copains. L'adolescente ne se défendait nullement sachant que c'était sa façon de payer sa dîme au groupe de son préféré. Nous ne sommes pas loin de la putain et de son protecteur... Et c'est nous les adultes qui y voyons un viol. Les ados, eux, si nous les prenons sur le fait et les interrogeons, ne trouvent pas du tout cela criminel ni scandaleux. C'est juste un amusement de leur âge, moyennant bakchich ! Nos enfants sont beaucoup plus au fait de la technique sexuelle que leurs parents, avec toute la « science du sexe sans conscience de l'amour » enseignée par les films X de la télévision. Après quoi, ils transforment sans états d'âme le corps des fillettes en marchandise.

Quand un adolescent en arrive à se prostituer ou à faire se prostituer sa sœur, il signale qu'il est sur la mauvaise pente du dealer qui a perdu tout Surmoi et ne peut vivre qu'à condition de voir sa vie réglée par la drogue et déréglée par les actes délictueux qu'elle l'entraîne à commettre pour s'en procurer.

Quelle drogue fume-t-il? Des drogues dures et chères, et qu'on fume dans les sous-sols ou dans la rue le soir et qui vous donnent plus que des fantasmes et des rêves de soleil couchant mais une ivresse profonde et prolongée qui éloigne le sujet de la vie pour des heures. Dès qu'il en émerge, c'est avec le souci de replonger. Il préfère s'accrocher à la drogue pour vivre et en fait son métier et son but. Il devient dealer et en prend tous les risques. À partir de ce moment, la course ne peut plus s'arrêter et il faudra un événement, un pépin, un séjour en prison, pour que le sujet envisage une désintoxication médicale surveillée et accompagnée.

Il mène en vérité une vie parallèle, et sans interdictions, qui lui permet de ne plus revenir à la maison pendant des heures et parfois des nuits et d'être indifférent à l'opprobre familial et social.

Les parents s'inquiètent terriblement et tentent, mais en vain, de reprendre l'enfant et de le menacer (mais de quoi?) s'il ne rentre pas la nuit... Il fera incursion chez lui en pleine journée quand les parents sont au travail et il prendra une douche rapide et des denrées dans le réfrigérateur et aussi quelques espèces s'il sait où est la cachette familiale de l'argent liquide.

La drogue est d'abord un moyen de s'identifier à la bande, puis ensuite un moyen d'oublier les vrais problèmes familiaux, car elle vous transporte dans un autre monde sans obligation, sans école, sans angoisse de vivre. Elle coupe à tout ce qui fait souffrir un adolescent en mal d'identification. Et, rapidement, **il apprend qu'il peut se passer de sa famille, mais pas de sa drogue, et que les moyens de s'en procurer ne sont jamais très fair-play mais toujours efficaces.** Car la drogue, ça se paie et ça suppose qu'on monte un autre trafic pour avoir recours au dealer, à moins de devenir dealer soi-même... Ce qui pousse un être humain vers les pires commerces. L'assassinat ou le viol, le racket ou l'attaque des fourgons de banque, ils n'ont plus peur de rien... La mort ne les inquiète pas plus que la vie des autres (qu'ils rackettent sans pitié comme s'ils n'étaient pas eux aussi des ados...). Ils ne la respectent pas, pas plus que leur propre vie d'ailleurs qu'ils mettent en jeu pour en éprouver enfin les limites et les repères dans de terribles « rodéos » où le hasard décidera du cours de leur vie, puisque eux-mêmes n'arrivent pas à trouver un intérêt à la VIE.

Ce sont bien, comme nous l'avons dit plus haut dans ce livre, des enfants sans identification aux autres (donc difficiles à atteindre par la psychologie) et avec si peu d'identité personnelle qu'ils tâchent de la renforcer au cours de mortels exploits.

19

La drogue et le suicide.

Certains, ne sachant comment sortir de l'impasse, préfèrent tout oublier, et tombent dans les paradis artificiels de la drogue dont ils auront beaucoup de mal à décrocher... En acheter, en vendre, en consommer, c'est oublier pour certains qu'ils font partie des «délaissés», et croire qu'ils ont trouvé une utilité sinon honorable, du moins lucrative. Mettre de la fumée entre Soi et le monde, c'est promouvoir une autre réalité, une autre existence qui calme le besoin et se moque des lois. Mais les adolescents sont-ils prévenus que c'est une vie pleine d'aléas, de dangers, où tous les coups sont permis par la suppression de tout Surmoi (du fait de la drogue)?

Cette drogue qui maintient l'existence en satisfaisant le besoin peut déclencher (comme au temps de la lutte orale pour la vie) la violence pour être, et l'adolescent drogué se conduira selon la loi inhumaine du «tout ou rien» qu'il avait connue lors des premières années de sa vie.

Certains, ne sachant comment trouver le «tout» et fuir le «rien», préfèrent attenter à leur vie. Le taux de suicides augmente nettement au moment de l'adolescence : sur 12 000 suicides comptabilisés en 1997 (il y a 165 000 tentatives chaque année en France), 900 suicides sont ceux de jeunes. «Trois suicides par jour de gens qui sont à l'aurore de la vie, c'est beaucoup[1]!»

1. Professeur Michel Debout dans *Panorama du médecin*, 1998.

Ce n'est pas un hasard, mais le signe d'une impasse dont le sujet n'arrive pas à sortir autrement que par la fuite. Si l'enfant n'a pas trouvé chez lui de modèle valable et n'a pas osé être publiquement l'enfant de ses parents, les seuls sentiments qu'il connaisse sont la honte, le désespoir et la solitude. Solitude qui l'empêche parfois de faire le pas salutaire vers d'autres adolescents auprès de qui il pourrait trouver compréhension et soutien, et dont l'opposition systématique aux valeurs familiales pourrait revigorer la sienne, tant il est vrai qu'à cet âge critique tout ce qui permet de s'opposer à l'Autre est préventif du suicide.

Lorsque l'adolescent est exposé à ce point, il peut ressentir un isolement total et une impossibilité complète à agresser des parents déjà infériorisés et méprisables. Sa violence fondamentale, ne pouvant trouver à s'exercer nulle part, se retourne contre lui-même et le pousse à une autoagression définitive : se supprimer, puisqu'il n'est et ne sera comme personne... Ces sentiments sont ceux qui se font jour chez un adulte, en période de dépression, mais, le plus souvent, une cause peut alors être incriminée et l'individu peut formuler une demande d'aide, alors que l'adolescent n'a qu'une cause à dénoncer : le mal-être des siens, auquel il préfère sa mort.

Si la violence contre les autres est apparente parce que répertoriée et comptabilisée par les médias, la violence de l'adolescent envers lui-même, bien que plus cachée et tenue souvent secrète par des familles inquiètes ou coupables, n'en est pas moins inquiétante. À ces suicides volontaires, il faut ajouter les morts dues aux overdoses. On aura une idée de la gravité du phénomène quand on saura que la mortalité violente chez les jeunes représente à notre époque 70 % des décès des quinze-vingt-quatre ans et que cette proportion ne cesse d'augmenter[1].

---

1. Haut Conseil de la famille, 1989. « Mortalité et morbidité violente dans la population des jeunes de 15 à 24 ans. »

Depuis 1975, le suicide chez les jeunes est en augmentation constante et, dans les vingt-cinq dernières années, le nombre en a été multiplié par trois. C'est qu'il y a bien chez les adolescents un problème sans solution pour que la mort apparaisse à ces jeunes comme la seule issue.

Le problème de cette longue adolescence se trouve au carrefour de plusieurs dialectiques :

– Celle de l'impossible opposition à des parents qui ne sont plus de taille à la supporter puisque, quotidiennement, eux-mêmes sont appelés à critiquer une société d'injustice et de privilèges où le profit est roi et dont ils sont exclus.

– Celle de l'adolescent qui vit avec une femme seule responsable, parce que le père destitué de sa fonction de mari a quitté la maison, ou que le père, présent, ne remplit pas sa fonction d'appui viril et de modèle pour son fils. L'adolescent se trouve face à une femme plus faible que lui et dont il connaît l'amour... Il préfère risquer de se détruire plutôt que de la détruire.

– Celle d'un Moi individuel qui n'arrive pas à s'épanouir, n'étant plus soutenu ni alimenté par un projet de vie réalisable. En effet, dans quel projet un jeune d'aujourd'hui peut-il mettre ses espoirs sans se rendre compte qu'il ne s'agit que de rêves ?... La réalité qui l'attend, il ne peut pas la connaître, ni la préparer de façon valable, puisque la mondialisation des marchés va l'entraîner il ne sait où, il ne sait quand...

Être adolescent aujourd'hui, c'est s'avancer seul et sans appui vers un monde inconnu dont on ne connaît pas les limites et où on ne voit pas sa place. Comme chaque fois que l'humain est confronté au problème de l'existence et de sa place, la violence du Ça fait son apparition comme agent protecteur de l'individu et de son désir de vivre mis en danger.

La société dont nous venons de tracer le portrait produit de jeunes travailleurs pour lesquels la vie s'apparente à un curieux destin qui les conduirait rapidement de la sortie précoce de l'école au monde du non-emploi. La jeunesse longue et l'insouciance ne sont offertes qu'aux jeunes bourgeois et à la très faible minorité des boursiers que leur réussite scolaire arrache à un avenir douteux.

Au moment où naissait le rêve d'une grande Europe comme communauté élargie et carrefour de l'Occident, la majorité des jeunes électeurs a opté pour elle, comme s'il s'agissait d'un avenir nouveau qui serait leur affaire. Mais aujourd'hui, combien de nos enfants croient encore à ce grand rêve? Et combien d'entre eux ont plongé dans la désespérance, la violence ou la drogue? Un pays sans avenir est un pays dont la jeunesse souffre particulièrement, car l'avenir c'est le propre de celui qui grandit et a besoin de faire partie d'une famille plus large que celle dans laquelle il est né et qui lui a servi de cadre «individuel». L'adolescent est en quête d'une famille sociale et politique où il aura son rôle à jouer. S'il ne trouve pas d'avenir sociopolitique, il se fanera telle une fleur sans eau et se tournera vers le passé et la régression : drogue et alcoolisme ne sont-ils pas les pansements électifs de tous les défavorisés de notre pays, dont on écrit régulièrement – sans trop chercher à comprendre pourquoi – qu'il est un des premiers, sinon le premier, pour la consommation des drogues licites que sont les anxiolytiques et antidépresseurs? N'est-ce pas là un signe que la France, n'arrivant pas à trouver un avenir dans l'Europe dont elle a tant rêvé, s'anesthésie pour ne plus souffrir?

Épilogue

Ils s'aiment toujours, ceux du début de ce livre, ou peut-être ne s'aiment-ils plus… Car cet enfant unique et tyrannique a épuisé leur amour face au désir de l'autre et, à force de vouloir que leur enfant soit heureux, ils ont fini par oublier qu'eux aussi devaient être heureux.

Ils ont laissé leur vie de couple se réduire à : Qu'est-ce qu'on fait pour le petit ? Qu'est-ce qu'on lui dit de la mort de tante Annie ? Qu'est-ce qu'on lui dit pour dimanche ? Faut-il lui dire comment le petit chat est mort ? Qu'est-ce qu'on lui dit s'il fait toujours pipi au lit ?

Mais ils n'ont rien dit de leurs désirs et de leurs plaisirs, de ce qu'ils auraient aimé pour eux-mêmes, et l'enfant a cru que sans lui ils seraient perdus. Et, au moment du divorce qui était fatalement au bout de ce chemin, il priait pour qu'ils ne se quittent pas, qu'on ne le tue pas, lui, l'âme de ce couple… Mais ils sont partis en disant qu'on ne pouvait pas faire autrement et qu'ils l'aimeraient toujours l'un et l'autre comme avant…

Et ils l'ont aimé comme avant avec des joujoux, des gâteaux, des bisous partout. Mais lui, l'enfant, recevait ces bisous et ces cadeaux comme un dû, comme ce qui signifiait qu'ils voulaient l'aimer quand même !

Jamais le petit Gargantua n'avait été aimé autrement que

par des gâteaux, des bonbons, et des bisous, et il aurait tellement voulu qu'on lui raconte comment on faisait le gâteau, comment on roulait les bonbons dans les roses, comment un bisou ne lui faisait pas un trou dans sa joue, car on ne l'avait toujours mangé que d'amour...

Table

Aubin Imprimeur
LIGUGÉ, POITIERS

Achevé d'imprimer en juillet 2003
pour le compte de France Loisirs
123, bd de Grenelle, 75015 Paris